大きな浄化が起こる前に

［新装版］

悟って もっと アセンション

ホワイトブラザーフッドから超緊急の銀河メッセージ

A・ジョルジェ・C・R／高木友子

ヒカルランド

大きな浄化が起こる前に
あなたがなすべきこれだけのこと

——From ホワイトブラザーフッド

銀河のコマンド(＊巻末語彙集参照)の一例

コマンドには4次元から20、30次元もしくはそれ以上の存在がいます。
彼らは光の存在として形を持たないで存在する場合も多く、
必要に応じて姿を持って行動します。
人がキャッチできるのは一般的に地球に近い周波数の存在で、
胸（ハート）からヒーリングエネルギーを放ち、愛、平和、
調和、安らぎを人々にもたらします。
地球の神々も小さいコマンドである場合もあります。
ここにあるスケッチは一例です。
次元、出身の星（宇宙)、専門分野、霊的カテゴリーなどにより
すべて異なります。
ウルトラマンは有名ですが、彼は実在する宇宙警備隊の一員です。
コマンドと呼んでも良いかもしれません。
このスケッチは私の前に現れた存在の一人ですが、
ウルトラマンに似たスーツを着用していました。
目はオリーブの実のように美しいエメラルドグリーンをしており、
体全体から光を放っています。
特に胸には光の宝石のようなものがあり、まばゆいばかりの
エメラルドグリーンの光を放射しています。
両肩の肩章には銀河におけるアイデンティティを表わす
マークが入っています。
腰のあたりにある剣は物質的なものでなく、美しい多様な光を放つ
レーザー光線のようなものでできています。
彼らは地球を含む各惑星の住民を守護すべく時空、次元を旅するので、
ネガティブな勢力から攻撃を受ければその剣を使用します。
スタートレックやスターウォーズなども、
インスピレーションの中で生まれた映画のようですが、
銀河にはそのような世界が現実として存在しています。

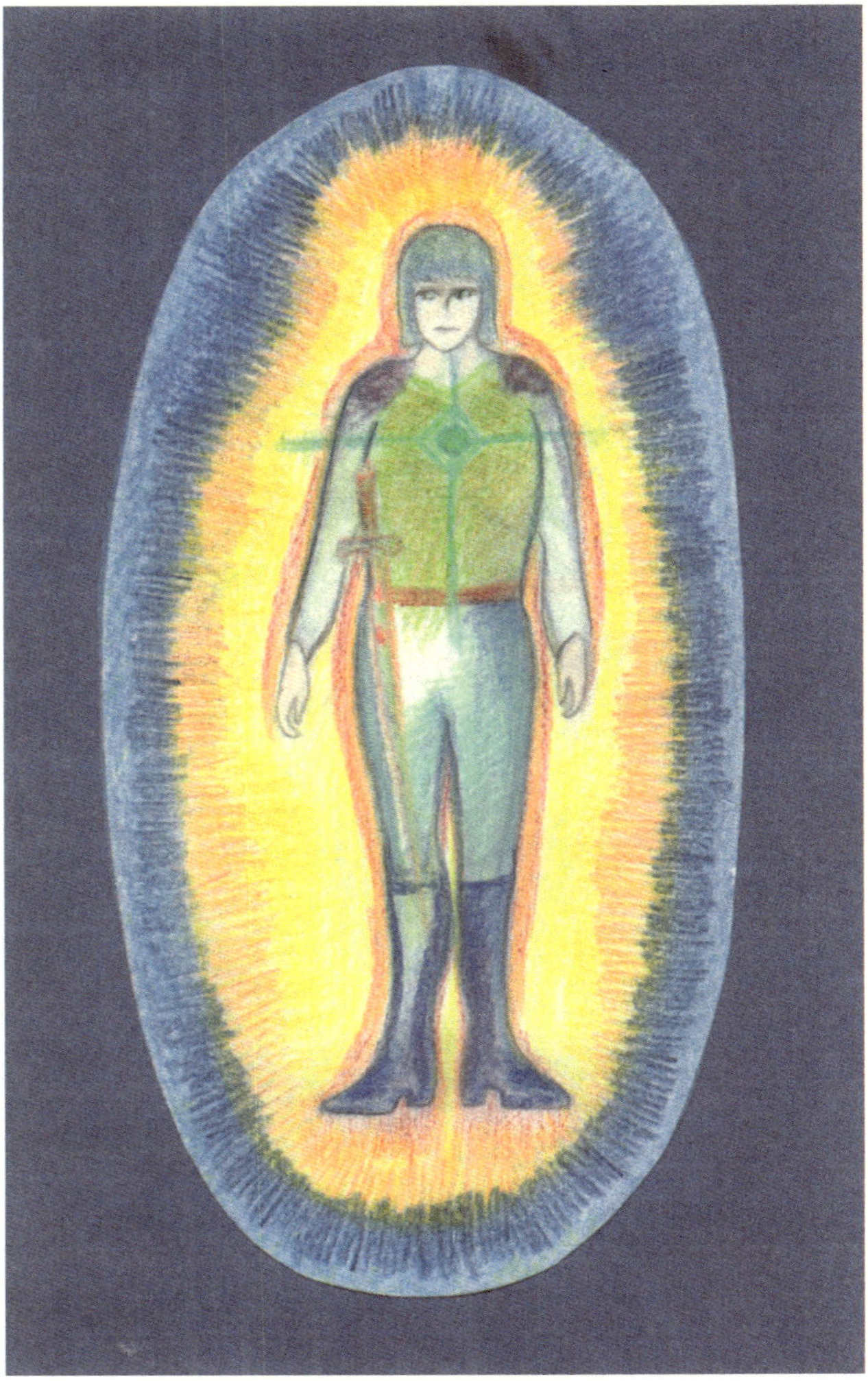

光の船

光の存在が次元、時空を移動する手段の一つとして、
または活動の拠点として使用したりするようです。
大きさは数十メートルの小さなものから
数十、数百キロメートルにわたる母艦があるようです。
コスモスの高次元から来るものはこの世の色にはない
美しい光に包まれています。
一般にどこから来るのか、コスモスの条件や状況、
どんな存在かにより、白く輝くもの、ローズ、ブルー、
ヴァイオレット、マルチカラーなど、放つ光も形も変わるようです。
左ページの一番上のスケッチは巨大な母艦です。
矢印の部分から無数の艦隊が出入りします。
真ん中のスケッチは光の船の一つです。
母艦に属する場合も、単独で来ている場合もあるようです。
光の船といっても、船をコマンドしている存在により
3次元から15次元に至るまで次元のレベルに大きな相違があります。
彼らはそれぞれの立場で、地球や人類を含む銀河全体の意識の高まり、
アセンションを助けています。
光の船の中には、スタートレックのエンタープライズ号を
思わせるような形や星のような形のものもあります。
一番下のスケッチは、内部地球の光の船の一つです。
アナログタイプの形をしていてブロンズカラーで、
小さな丸い窓が幾つもありました。
次元移動は可能ですがテクノロジーはそれほど高くなく、
シンプルで親しみを感じました。
人の感情に近い温かい存在が人類を助けてくれているのが
伝わってきました。金星や他のコスモス（＊巻末語彙集参照）でも、
こういうタイプの船が使われているところがあるようです。

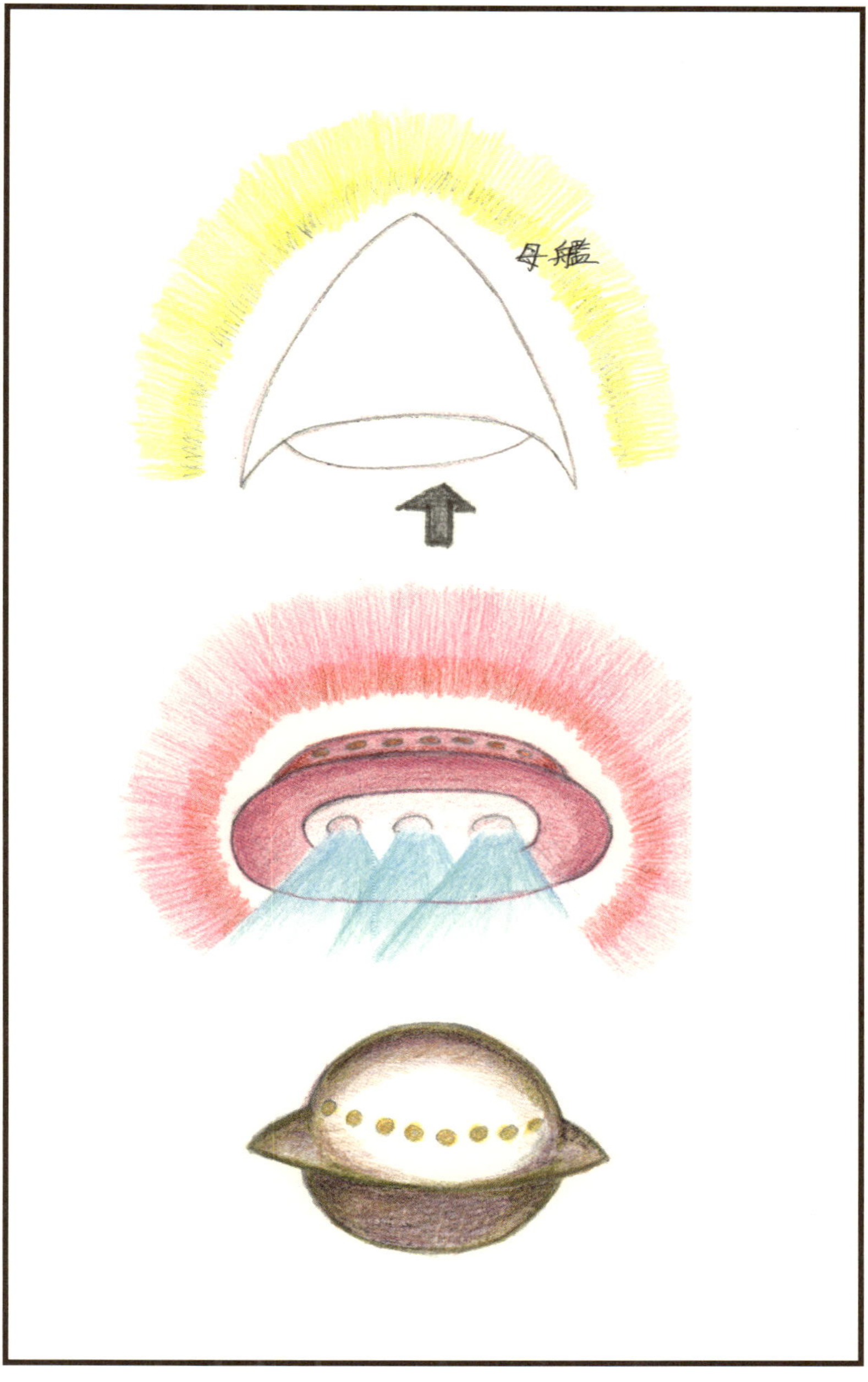
母艦

霊的太陽

日本は日出ずる国と言われてきましたが、
それは大和の太陽と関係しています。
大和の太陽はイエローゴールドであり、
日本の自然、海、山、川、湖のエネルギーを形成しました。
大和の太陽とは何なのでしょうか。
太陽には物質太陽に重なる霊的太陽が存在し、
そこには地球の各大陸、地域、国に繋がる光のテンプルが存在します。
その光のテンプルは形が異なり、
各テンプルに存在する光のポータルを通して
神々が降り立ち、民族に応じた形で光の法則を人類に伝えました。
銀河宇宙における各民族の起源が異なるからです。
各国、それぞれの太陽がありますが、元は一つ、繋がり方が違うだけです。
大和の太陽は、その熱やエネルギーを通して
日本人特有の精神を育ててきました。

聖白色同胞団《ホワイトブラザーフッド》

上のスケッチは聖白色同胞団に属する沢山の存在の一人です。
彼らの多くは地球だけでなくコスモスとも関わっています。
各存在は神聖なプロジェクトを遂行するために
それぞれの専門分野において活躍しています。
背の高さは数メートルあります。

富士山の光のポータル

富士山の光のポータルです。
富士山の近くの湖には龍神が存在し、
富士山と周辺地域を守っています。
日本人にとって富士山のポータルが
エキゾチックなのは驚きかもしれません。
しかし、人が信じているもののもっと向こうには
霊的起源というものが存在し、
霊的次元の深いところでは過去のエネルギーと関わっています。
富士山のポータルはかつてのレムリア文明と関わりがあり、
またコスモスの光のポータルとも繋がっています。
ポータルの奥の世界には
光のエーテルシティ「パンジュール」が存在しています。
富士山は日本のスピリチュアリズムの土台として、
日本の他の聖山とも霊的次元で繋がっており、
現在もその神聖な役割を果たしています。
聖白色同胞団は地球のスピリチュアリズムの中心として、
日本のスピリチュアリズムをサポートしています。
富士山につるし雲やUFOとかいった現象が多いのも
偶然ではありません。

カバーデザイン　三瓶可南子
カバーイラスト　Ayumi

[新装版]序文

このたび『悟ってもっとアセンション』の新装版を出させて頂くことになりました。一重に読者の皆様方の深いご理解と、出版社並びに関係者の方々のご尽力によるものと、心から感謝を申し上げます。

『悟ってもっとアセンション』を筆頭にアセンションシリーズとして5冊の本が世に出てから数年立ちました。わずかこの数年の間にも社会や人々の意識は大きく変化してきたように感じます。

「悟ってアセンション」の意味とは？

新装版の発行にあたり、この本のタイトル『悟ってもっとアセンション』の意味を今一度、振り返ってみたいと思います。

アセンションするためにはまず、「悟り」の段階があります。悟りイコールアセンションではありません。悟りはアセンションの準備段階と言われています。

さて、40年、50年前の日本人は仕事ばかりでなく、スピリチュアルな部分にも意識を向けて暮らしていたように思います。神々を信じる心もありました。信仰を通して、自然界の神々と繋がっていました。そのため、本人が意識していなくても自然に悟りの道を日常の中で歩んでいました。物質社会を懸命に生きながら、人々は人生における様々な壁を学びと共に乗り越えていくうちに、自然に物事の法則を悟り、高まりの道を歩んでいました。それが私の記憶にある日本人の姿です。

そういったスピリチュアルな力、メンタルの力により、日本人は戦争、大地震、洪水といったものを力強く乗り越えることができたのだと思います。

時の流れの中で、多くの日本人は、社会が提供する「便利さ」と引き換えに、そのように悟りに向かう考え方、生き方、気づきや学ぼうとする意識や信じる心、スピリチュアリティを手放してしまったように感じます。

しかし、かつての日本人が持っていた高いゲノム、霊的エネルギーを回復し、悟りに向かう精神やスピリットを育てることは、これからやってこようとする新しい問題を乗り越えるために、大変重要であると光の存在は伝えてきます。

アセンションは自然にやってきません。地球は変化しても、自分を変化させるのは一人一人の力です。悟ってアセンションシリーズは、現代を生きる私たち一人一人の悟りに向けて、宇宙の無条件の愛のエネルギーの中、鋭くも温かい大きな一条の光で、私たちに一つの方向性を示してくれるものと確信しています。

時代は大きく変化しつつあります。時代のエネルギーも大きく飛躍しようとしています。人も時代のエネルギーの変化に従って、飛躍していく時の流れの中を生きています。

変化する地球と人類の選択

シリーズの他の本の序文の中でも触れましたが、私たちの住んでいる宇宙は、善と悪、光と闇の二元性をベースとして霊的進化を目指すという大法則があります。

光の世界では、光の存在が光のプロジェクトを実現するために働いています。闇の世界では、闇の存在が闇のプロジェクトを実現するために動いています。闇の力が大きくなればなるほど二元性が強化され、濃密で重たい世界になり、アセンションから遠ざかります。

地球にも光の世界と闇の世界が働き、私たちの住んでいる社会でも、人の意識を通して光と闇が働いています。光の意識で振動している人には光の世界のサポートがあり、闇の意識で振動している人には闇の世界のサポートがあります。

これから地球は、何があってもアセンションのプロジェクトに従い、進み続けていくでしょう。光の存在も地球もそのように選択したからです。でも人類は違います。それぞれの選択に任されています。

闇の存在は、ありとあらゆる手段を用いて人類のアセンションを阻止し、地球のアセンションのプロセスにストップをかけようとするでしょう。

最近、バーチャルリアリティを人の意識を通して創造しようとする力が働いています。日常のあらゆるところにＡＩ化を推進しようとしています。それは人類の進みにとって何をもたらそうとしているのでしょうか。

一方、地球や地球を取り囲む環境は大きく変化し続けています。世界中で大規模な山崩れ、土砂崩れが次々と報告されており、日本でも雨が降ったわけでもないのに大規模な土砂崩れに見舞われたりしています。

また、大地に突然穴があく「シンクホール」という現象が世界中で報告されるようになってからしばらく経ちますが、最近、北極、南極、シベリアなどで、氷床や永久凍土に次々と穴があく現象が出現しているそうです。地球が、エネルギー、つまり原子レベルで物性の法則、重力や磁場を本質的に変化させていくようになれば、そのような現象も不思議ではないのではと想像します。

また、最近木星が急激に変化してきたり、木星の第一衛星イオが無数の火山の爆発を伴い真っ赤に燃えているような状態に変化しているとのことですが、木星はさほど遠くない未来に第2の太陽になると示されています。

上述のことは、気候変動、地球全体の火山、地震活動の活性化に繋がる地殻変動のプロセスと共に、地球で起こっている現象の一こまです。そのように、地球や宇宙も本質的に変化しつつあることを私たちにはっきりと示してくれるのですが、社会ではそのようなことに人々の意識が向かないように、大きな力が働いています。

光の存在の役割の一つは、「人類が光のプロジェクトと闇のプロジェクトを知り、この地球が大きく変容しようとしている時、光と闇の戦いが人類社会にどのように反映されているかを知り、光の道を選択するのを助けること」にあります。

光の道を選択する人が多ければ多いほど、人の意識を通して、光の存在が人類のために働くことができるようになります。同シリーズはその中で誕生したものです。

人類がしていること、私たちが常識と見なしていることの中には、光の法則とはかけはなれていることが沢山あります。光の存在は、人類社会の隅々まで光で照らし、歯に衣着せない形で、真実をはっきり伝えてくるので、訳している私にも耳の痛いことがしばしばあります。また、時折、部分的にダブることもあり、編集中にカットしようかと迷ったこともありますが、存在の意志を尊重することを選択しました。

各メッセージはそれぞれのエネルギーがあり、それを読む人の意識を高めるための一つの完成した光のツールであると伝えてきます。各メッセージには、訳者としての私には計り知れない光の意識とエネルギーが働いているようです。

ある方が、本を最初に読んだ時、半分も理解できなかったけれど、最近急に読みたくなって読み返してみたら本当によく分かってびっくりしましたとおっしゃられました。腑に落ちるとはそういうことだと思います。人にはそれぞれの時間というものがあり、今までそのように言われることは少なくなかったように思います。

また、本を枕元に置いて寝るとなぜかよく眠れるという方がいらっしゃいますが（笑）、そのようにメッセージはエネルギーなので、頭で理解するものではなく、心で、魂で悟っていくのを助ける光のツールとして活用して頂ければ幸いです。

高木友子

はじめに

自分が変われば周りも変わると言います。

それはその人の意識が変わった事でその人の放つエネルギーが変化したので、そのエネルギーに対する周りの反応が変わるからです。しかし、意識を変えるといっても現実には簡単ではないように思います。意識とはどのようなものでしょうか。

現在、多くの人が人類は未来に向かう大きな分岐点に立たされているのに気づいています。

その背景として、地球を取巻くエネルギーの大きな変化があります。

例えば、二〇〇〇年前後から太陽が本質的に変わり始め、地球に降り注いでくる太陽光線は大きく変化してきましたが、ごく最近まで大多数の人はその変化に気づきませんでした。

しかし、太陽光線が非常に鋭さを増した二〇一三年、今まで気づかなかった人も太陽の異常な眩しさや光線のきつさを口にするようになりました。それでも太陽は同じだと思っている人もいます。

太陽の光の変化は太陽の次元上昇によるものですが、同じ太陽を見てもその変化に気づく人、気づかない人があります。

それは意識によるものです。現象が存在してもそれをキャッチするのは人の意識だからです。太陽の変化は太陽系全体のエネルギーを高め、アセンションへとシフトさせていくための大きな現象の一つですが、従来のコンセプトに基づいた人類社会では、それを認識しようとする意識の変化が全体的に起こっていません。

アセンションと言うと、ハルマゲドンとか地球や人類の滅亡とかを連想している方も多いようですが、アセンションは決してそのようなものではありません。

アセンションとは今の時代に描かれた神聖なプロジェクトであり、地球や人類、個人がより高い段階へ向かうための調整のプロセスです。

そのプロジェクト実現に向けて銀河系全体でコスミックエネルギーが増量しています。

地球は、一九八七年のハーモニックコンバージェンスにおいてアセンションに向けて大きく舵を切り、一九九五年以降のフォトンエネルギーの活性化と共に、地球のアセンションのプロセスが始まりました。

そのため現在、地球には、タキオン、グラビトン、ポジトロン、クオークなど素粒子レベルのコスミックエネルギーや太陽を中継とするフォトンエネルギーが大量に降り注いできています。

そういった宇宙的背景の中、地球のＮＳ極の移動も二〇〇〇年頃から本格的に始まり、二〇一二年に入り太陽のＮＳ極の物理的大変化も報告されています。

太陽や地軸の変化に伴い、世界中でゲリラ豪雨、大洪水、ハリケーンや台風の大型化、地震や火山活動の活性化、海底の隆起や昔の陸地の出現、深海や潮流の異変、竜巻、突風、気温や天候の激変、四季の消滅、湖や川の枯渇、動植物の生態系の変化など、数々の現象が起こっています。

そればかりでなく、日本を含む地球の様々なところで地殻変動の兆候が見られるようになり、様々な観測データが報告されています。

しかし、これは全てエネルギーの変容によりもたらされる地球の物理的側面の変化のプロセスです。では、人はどうでしょうか。

私たちは長年従事しているヒーリングの世界を通して、人々の意識や行動の変化、鬱やパニック、霊的問題の急増と共に、特に最近、起床時体がだるい、異常な眠け、不眠、動悸、疲労感、めまい、頭痛、目の痛み、関節や筋肉の痛みといった症状を訴える人が増えているのを感じます。

それはフォトンを中心とするエネルギーによる変化の始まりです。

太陽から来るフォトンエネルギーは頭頂から眉間、各チャクラへ、そして自律神経である交感、副交感神経へとストレートに浸透していきます。多くの人がこの周波数の高いエネルギーを吸収しつつも、このエネルギーの変化に準備できていないため、様々なリアクションを起こしているように感じます。

順応していくためには、新たなるエネルギーに対して意識レベルでの受け入れ準備が必要です。

一方、このエネルギーの変化の中、現実社会がお金、物、経済だけを中心に進めば進むほど、心が満たされず、自分の本質、自分に正しい生き方、あり方を模索する人も増えています。

しかし、そういった内から湧き上がってくる衝動に対してどうして良いか分からず、現実社会に失望している人も少なくないように感じます。自分を変えたいのに何をどう変えたら良いか分からない、変化と言うが何がどう変化しているのか分からない、現実の、自分の、社会の何が正しくて間違っているのか分からないと言います。

また、しばらく前から、インディゴチルドレン、クリスタルチルドレン、ダイヤモンドチルドレンなどといった言葉が聞かれるようになりました。

うちの子はよその子と比べると変わっていてどうしたら良いのかという質問もよく耳にします。そのように時代は着実に変化しつつあるのですが、社会にその変化を受け入れる意識の準備ができていないのも現実です。

私達自身、アセンションとは現実にはどういう様相を呈しながら実現していくのか、現実を生きながらアセンションに向かって進んでいくためには何をしなければならないのか、自分の本当の姿を見つけるにはどうすれば良いのか、意識を上げる、変えるとはどういう事なのか、一般社会の常識を超えてある宇宙の法則や意思とはどんなものなのか、どこに真実があるのか、それらを真剣に探し求めていました。

そうしているうちに、五年ほど前から聖白色同胞団を中心としてマスターと呼ばれる光の存在たちが現れるようになり、私達の内なる心の叫びに応えてくれるかのように、アセンションに向かうためのメッセージを次から次へと伝えてくれるようになりました。

もちろん、メッセージは私達個人のためだけでなく、それを望んでいる全ての人々と共有するためのものです。

アセンションとか二〇一二年とか言っていたのに、地球も社会も何も変わっていないじゃないかと思っている人も少なくないでしょう。しかし、個人にとってアセンションは外の現象ではなくて、各人の中で始まります。

自らの意識、肉体、メンタル、感情、霊的レベルを更に高いレベルへとシフトさせていく事、それは、自らの放つエネルギーの周波数を高める事を意味します。自分のエネルギーを変化させる事は、決して容易なプロセスではないでしょう。

ここに一つ、一人一人に対する大きな挑戦があります。

それは、今まで地球を支配してきて、これから更に強化されようとしているコントロールマトリックス（＊巻末語彙集参照）からいかに抜け出し、自由に考え、自由に感じ、自由に創造し、自由に生きる事を手にいれる事ができるかという事です。

地球は天の川銀河系の中でも、ネガティブ性が九〇％の二元性の最も高い惑星の一つだと言われています。地球には既存の社会制度や常識、そこに縛られている大衆意識に人々を閉じ込めておこうとするコントロールの力が働いています。そういったコントロールマトリックスに縛られていれば、霊的自由を得る事ができず、新しい段階へシフトする事はできません。

アセンションは頭で考える事ではありません。アセンションはエネルギーであり、波動であり、その周波数です。論理的思考ではアセンションは理解できません。私達の住む三次元世界を超えてある次元へのシフトだからです。

アセンションは感じる事です。未知なるアセンションに対して意識を開く事です。

現実社会に地に足をつけながらアセンションに向かって進むためには、アセンションをファンタジックに捉えるのではなく、アセンションの現実の姿、アセンションのプロセスを社会に根ざした形で理解し、物の見方や生き方、意識を変えて地球の変化を理解し、それについていく事が必要になります。

この本は人類のアセンションを助けようとしている光のマスターたちからの助言集ですが、一つ一つの助言の中には現実を読み解く沢山の真実や鍵が集約されています。

意識のシフトの第一歩は、意識の更に向こうにある世界、目に見える世界の後ろにある真実に触れる事から始まります。

この本を読み終えた時、物事の視点が変わっているかもしれません。

聖白色同胞団（ホワイトブラザーフッド）とは

地球の神々、光の存在の多くは聖白色同胞団に属しています。

銀河宇宙の大聖白色同胞団《グレートホワイトブラザーフッド》と地球の聖白色同胞団があり、地球、太陽系、銀河宇宙のバランスと進化を助けている最も重要な役割を果たしている大きな光の聖団の一つです。

以下、聖白色同胞団の概要です。

*

地球におけるこの同胞団は一八四〇万年ほど前、当時金星のプリンスだったサナト・クマラにより創設されました。

その時、沢山のアークトゥルス（牛飼い座）出身の存在も地球の進化を助けるために同胞団に参加しました。

それ以来、同胞団は、地球及び地球に存在する全てのものの霊的進化を助けるために働いています。

現在、ゴータマ、マザーテレサ、セント・ジャーメインなど地球で転生の経験を持つ存在、ヴァイアムス、マハトマ、ラザリス、クリヨン、シュタレールのように、この惑星の次元上昇を助けるために他の星、惑星や他の銀河宇宙から積極的に参加している存在も含め、何百万という高次の光の存在が参加しています。

世界はもとより、日本の高き神々（＊巻末語彙集参照）の中にも聖白色同胞団出身の存在もいます。

彼らは現在地球のアセンションのプログラムに従い、他の次元で働いている銀河のヒエラルキー（＊巻末語彙集参照）や、内部地球に存在する数々のエーテルシティ、光のテンプルの存在等と協調しながら使命を遂行しています。

人類に対しては、人々のネガティィブエネルギーなどの浄化、様々なコントロールマトリックスからの人々の魂や意識の開放、癒しなど、進化のプロセスを促すために大きく動いています。

誰にでもガイド（守護霊や指導霊）がいますが、人が意識を開き、このような高次元の働きを受容する事ができるよう導いています。

聖白色同胞団は内部地球のシャンバラに存在し、その中心と言われたアガルタシティは、インナーサンが存在している地球の中心、六次元～八次元の次元空間に存在（＊巻末語彙集参照）しています。

しかし最近、聖白色同胞団の中心は内部地球の多次元空間にあるアマゾンの一四四光線のテンプルに移りました。

太陽系の守護をその形成時から担ってきた銀河のコマンド、アシュター・シェランの地球における基地も現在一四四光線のテンプルにあり、地球のアセンションに向けて聖白色同胞団と協力しています。

聖白色同胞団を創設したサナト・クマラは現在、シリウスのセントラルサン「アルファ・オメガ」で活躍しています。

＊

以下のメッセージ集は、ジョルジェのメンターを介して聖白色同胞団に属する存在を中心に、地球と人類のアセンションのために彼らと協調して使命を遂行しているコスモスや内部地球の存在から伝えられたものです。

メッセージ――啓示が意味するもの

メッセージ、すなわち啓示とは何のためにあるのでしょうか。

それはメッセージを聞いたり読んだりする人の意識を開くためです。

啓示はエネルギーです。ですから、啓示を通してあなた方はエネルギーを受け取ります。

そのエネルギーは、言葉で表現された神の叡智です。エネルギーは、言葉や音という形を通して伝えられます。

エネルギーは頭へ、頭の論理的部分へ、そして精妙なエネルギーフィールド、潜在意識、無意識の世界へと広がっていきます。

だから、皆さんが真剣に啓示や教えを聞いたり読んだりする事はとても意味があるのです。

言葉という形で伝えられるエネルギーに対して心を開こうとする気持ちがあれば、言葉で分からなくてもエネルギーという形で、自分の心やスピリットが理解していくでしょう。

努力を続けていけば、遅かれ早かれ次第に啓示の中身も理解されていく事でしょう。

――聖白色同胞団より

目次

Ⅰ　人類と地球の立て直し
——アセンションに向けて

II　あなたの意識のもっと向こうにあるもの

Ⅰ

人類と地球の立て直し
――アセンションに向けて

宇宙は全てバランスです。地球や太陽の軌道が少しでも狂ったら太陽系ばかりでなく、周りの宇宙にも多大な影響を及ぼす事になります。

では、このような緻密な宇宙の動きはどのようにして保たれているのでしょうか。偶然でしょうか。そうではありません。そういった宇宙の動きを統括している存在があります。

宇宙根源の意思（根本創造主）の意思に従って法則（＊巻末語彙集参照）が遵守、遂行されるように、私たちの意識の彼方の世界で働いている存在があります。それは銀河のコマンドであったり、エロフィムなど高い次元に存在する神々です。

コマンドと言っても軍とは無関係で、統括、指揮、司令する役割があるのでコマンドと言います。地球において銀河のコマンドは、人類を神聖な法則に従い創造した太古の神々を意味します。

コマンドや神々にも沢山のカテゴリーがあり、下の次元層のコマンドは、上のコマンド（神々）をサポートしながら自らの高まりの道を歩んでいます。聖白色同胞団にも宇宙のコマンドが多く存在しています。

この本にはコマンドからのメッセージも含まれています。

あなたの意識の向こうの世界に、あなたの現実を支えている世界があります。

地球を見守る太古の神々・銀河のコマンドからのメッセージ

地球の兄弟よ、私たちは光の船団を組み、あなた方人類のために働いています。

あなた方人類やあなた方の母なる地球に対して大いなる愛をもって、このエネルギー変容（＊巻末語彙集参照）のプロセスの中、あなた方の精神、肉体、エネルギー体に大きな衝撃がなきよう、地球のエネルギーとコスミックエネルギーのバランスを取っています。

あなた方が地球の存在としてだけでなく、宇宙的存在としてあるために、この変容は非常に重要です。

地球のアセンションと共に進み続けていくためには、地球上の全ての存在は新たなる存在として変容していく事が求められます。それには地球と宇宙との融合が必要となります。

ですからアセンションのプロセスは厳しく困難を極めます。私たちはその事を理解しています。

そのため私たちも、できるだけ地球のカタストロフィーや苦しみを抑えるために働いているのです。

あなた方の地球には、これら全ての事を知りながら、ダークで困難な道を通って進もうとしている人たちがいるのも知っています。

この場合、私たちは法則に反して進もうとしている人たちを助ける事はできません。

彼らは自分の自由意志で選択しているのです。

彼らは彼らの世界を求めて進んでいくでしょう。

私たちの法則は、各存在の個人的、集合的無条件の愛です。地球が救済される事を願っています。

私たちは、人類ができるだけエネルギーバランスを保ちながらアセンションできるよう、重大な事がなきように監視しています。

私たちは、人類全ての間に愛、平和、調和が存在する事を望んでいます。

私たちは、善悪に対して批判はしません。私たちにとっては、愛、調和、平和、自由が重要です。

私たちの目的、プランは地球にパラダイスを創造する事です。

人類のパラダイス、人類の中に愛を建設する事です。

地球のアセンションと共に進み続けていくためには、
地球上全ての存在は新たなる存在として
変容していくことが求められます。
それには地球と宇宙との融合が必要となります。

人類が戦争、憎しみ、悲しみ、苦しみを手放し、喜び、愛、平和、安らぎの中に生きていく事です。これが私たちの目的です。

あなた方の事を想いつつ私たちは活動しています。

そのためには、あなた方の積極的な協力が必要です。それは、あなた方一人一人が、神聖な法則に従って進み続けていきたい、進化していきたいと強く想う事です。

そうすれば、私たちの仕事はもっと容易になります。

私たちは、人類を助けるためにここにいます。

私たちは、あなた方のために最善の地球のシナリオを望んでいます。

愛、平和、敬う心を人間の間だけでなく動物に対しても向けて下さい。

あなた方が殺傷している鶏も尊重して下さい。

そういった動物たち、生きとし生けるもの全ての命を尊重する事をお願いします。彼らも生き物であり、アストラル世界も精妙なエネルギーもあります。

同時に、地球に対し思いやりの心を持ち、地球を愛し、地球をいかなる汚染からも守るようにお願いします。互いに愛し合い、動物を愛し、自然を愛し、自然を守る事。あなた方の川、海、湖、魚、花、全てを守る事です。

私たちは引き続き地球のバランス調整のために働き続けていきます。

私たちが全力を上げてしている事が、あなた方人類全体にとって役立つように、あなた方も努力して下さい。

人種、文化、宗教などの壁は私たちには存在していません。

私たちにとっては、あなた方は神聖な愛の法則の下、皆同じです。困難なアセンションのプロセス、気候変動のプロセスの中、あなた方は一人ではありません。

時には亡くなる人たちもあるでしょう。人類に苦しみや災害がもたらされる事もあるでしょう。しかし、これはあなた方人類が作りだしたものです。

戦争をし、人類兄弟をコントロールし、法則や自然を冒瀆し、虐待し、破壊した結果なのです。

この浄化は、自然の復讐でも神が望む事でもありません。他ならぬあなた方自身がこのエネルギーを作り出したのです。そのためにアセンションのプロセスが非常に困難であるという事実について理解してほしいと思います。

あなた方が常に愛と平和の中にあれば、この状況を乗り越えて、地球のアセンション、人類の集合的、個人的アセンションに向かって進んでいく事ができるでしょう。

そのために、あなた方も幸福であり、法則の下、愛、調和、平和の中を進み続けていけるよう努めて下さい。

フォトンベルトと地殻変動が意味するもの
――クリーニングのプロセス

今日は、フォトンベルトという重要なテーマについてお話します。

プレアデスのセントラルサン、アルシオネから太陽系に向かって伸びているフォトンベルトは地上を膨大なフォトン（光子）の粒子で覆いつつあります。

しかし、あなた方の多くはフォトンには無関心でいます。人類を待っている新しい時代、銀河の時代に直面する事に対して恐れを抱いているので、フォトンという現実を潜在意識の中で回避しようとしているのです。

ですが、地球、地球の意識、あなた方人類の肉体、エネルギー的変化がフォトンベルトにより起こりつつあります。

では、フォトンベルトとは何を意味するのでしょうか。

フォトンベルトは、アセンションの道にとって必要な神意識のエネルギーです。

あなた方人類は今まで物質を中心にして生きてきました。そして、どのように物を開発し物を基盤とした生活をしていくのかを追求してきました。これからは、どのように霊性（スピリチュアリティ）を開き霊性に基づいた生き方をしていくのか、これが新しいテーマです。

では、どのように霊性というものの中に生きていったら良いのでしょうか。

霊性とは聖人になる事を意味しません。一日中精神的なものに明け暮れ、社会に興味を持つ事なく、社会の問題にそっぽを向き、自己中心的に生きていく事ではありません。

霊性とは、各人が宇宙の法則に従って生きていく事を意味します。宇宙が要求するものに従い、変化し、生きていく事です。それが霊性です。

新たな法則に肉体、エネルギー、精神的に統合していく事、これが霊性の中に生きていく事を意味します。つまり、人間としての特質を備えた肉体を持った人として生きながら常に宇宙（コスモス）との繋がりを保ち、自らの霊性を求めていくのです。

宇宙は目に見える天空だけではありません。肉眼で見えるものよりはるかに奥深い世界です。地球もあなた方が足で踏んでいるものだけではありません。物理的距離で到達できる世界ではなく、エネルギーという形で存在している幾つもの次元界が存在します。

それが宇宙と地球です。

それは、多次元的層です。様々な次元が重なり合って存在する世界です。

これからあなた方人類は、多次元性について学んでいかなくてはなりません。

あなた方は、地球にただ生きるために生まれてきたわけではありません。

あなた方は全員、どこからか来たのであり、何かのおかげで誕生したのです。

肉体と離れた時には、どこかに戻って行かなくてはなりません。ただ単に亡くなった人たちがいる世界に戻っていくわけではありません。

あなた方は、違ったエネルギー、違った使命を持って戻る事もできるのです。肉体を終えたあと、アセンションを遂げた存在として戻る事もできるのです。

そうすれば、より幸福に生きられる星、惑星に行く事もできます。

霊的レベルが死後、より良い所で生きていくに値するだけ高まったからです。地球にまた肉体をもって転生する必要はありません。

現在、あなた方はフォトンベルトを通して自分の精妙なエネルギー体を本質的に変えるチャンスがあります。

フォトンベルトは銀河のエネルギーです。地球及び人類を含む地上に生息するあらゆる形態の命を変容し上昇させるために、銀河のマスター達から地球に送られてくる神聖なエネルギーです。

マヤのカレンダーはまもなく二万六千年の周期が終わろうとしています。マヤ暦だけでなく、銀河の法則は各二万六千年ごとに内容を変化させる事になっています。あなた方はこの変化を体験しつつあります。

それは、太陽系が二万六千年かかって銀河系を一周回る事を意味します。法則が変わります。法則とは物質的法則、霊的法則です。

あなた方が人として、宇宙の法則の中で生まれた子供として、次なるステップアップへ導く光の船に乗るためには、肉体、エネルギー体を変えなくてはなりません。

今二〇一一年五月です。これから地球に大きな変化がやってくるでしょう。

地球があなた方が生き続けていく事ができる器であり続けるためには、地球にも変化が求められています。そのために、地球にはフォトンベルトのエネルギーが大量に降り注いでいます。地球はこのプログラムに深く関わっています。あなた方は自分自身の中に精神的指針を探していかなくてはなりません。

これから先何をすべきか、どのように行動すべきか、これから先の目的は何か。時代の流れに沿って自分を高める目的を持たなくては、時の流れに遅れます。

時間は重要な要素です。一分一分過ぎ去るごとにあなた方が変わろうと努力しなくては、変わるチャンスを失います。

フォトンエネルギーは変容、即ちあなた方の霊的またはエネルギー的構造を、一段と高い精妙な次元に変えようと働きかけています。

そのために何が必要でしょうか。時間です。来たる何年かの間に、地球の三次元的時間は変わります。

あなた方が変わるためには神時間、すなわち霊的時間に繫がるように意識を変えていかなくてはなりません。

地球の二十四時間はあなた方により作られたものです。神法則の中ではその時間は存在した事がなかったものです。あなた方人類が地球で生きていくためのプログラムを作るために作り出したのです。

ですから、時間は人類の変化のために非常に重要な要素です。あなた方は地球の三次元的時間から霊的時間へと移行していきます。まだ人類はそれが理解できずに三次元的時間を楽しみながら生きています。

しかし、法則は待ってくれません。前に向かって進み続けていきます。

これから、あなた方全員にとって非常に大きな変化の時の流れに入ります。

霊的時間の理解を助けるために幾つか例を挙げてみましょう。

夢はアストラル世界と繫がるのでその世界の霊的時間の中での体験です。一瞬の直感も霊的時間に繫がった時です。

無意識も潜在意識も他の時間の世界です。次元の世界が高くなればなるほど、周波数は精妙になり、時間も長く果てしないものへと変化していきます。

今、あなた方の国は変化していかなくてはならない時の中に立たされています。以前大規模の震災が東北を襲いました。しかしその地震、津波、放射能汚染を通して、ほとんどの人々はそれは急速に変わるための一つの形であるという事を認識していません。

今こそ各々が精神を高め、これから何をすべきか考え、物質中心的な考え方やプログラムを変え、安全な自然エネルギーを創造する。住民全員が参加できる社会へと高めていくためのチャンスなのです。

今がその変わる時です。時は待っていません。

世界中のどこにおいても、自然浄化はこれからも継続するでしょう。

スペインでもあなた方は地震を目にしたでしょう。スペインばかりではありません。ポルトガル、南フランス、イタリアなど、世界中地震という形で大きな浄化があるでしょう。

海洋プレートは、新生地球に向かって構造的変化を起こすために変動します。古い地球は、大きなネガティブな想いが堆積しているプレートによって固着しているからです。

ですから、人類が新生地球に住む事ができるように、地震を通して新しいエネルギー、新たな多次元ポータル（＊巻末語彙集参照）が作られていきます。これが地震の現象です。

海洋プレートを破壊し浄化するのは、地球全体のエネルギーを変えるためです。

エネルギーが変われば、地球もあなた方も、地球に影響を与えてきた昔の文明のネガティブな想いのエネルギーから解放されるのです。

あなた方の足元には、あなた方もご存じの通り、海に沈んだ巨大文明が眠っています。それらは未だにエネルギー的に存在しています。

地球が上昇するためには、何万年も前に存在していたそういった文明の想いのエネルギーを断ち切らなくてはなりません。海洋プレートの移動はそのためにやむをえないものです。

そのためフォトンエネルギーの大いなる力をかりて、地球のシステムは浄化されていきます。

あなた方は地球に生きています。ですからあなた方自身が変わり、地球のクリーニングのプロセスに協力していく事が求められています。

地球のクリーニングのプロセスだけではありません。人類の想いのクリーニングのプロセスも重要です。

あなた方の多くは、この地震、津波、原子力発電所の爆発による変化を理解していません。もっともっと浄化や苦悩を望んでいるのでしょうか。今回起こった事だけで十分ではないのでしょうか。

あなた方はエネルギーが欲しい。でも誰を犠牲にしても、何を犠牲にしてもかまわないのでしょうか。

動物達、自然、食料、農作物、海産物に対して全て放射能汚染を招いてもかまわないのでしょうか。

わずかに残る農地と海に頼って生きていきたいのでしょうか。

これから浄化は強くなっていきます。地球の変容、次元上昇に向かう新しい時の流れの中では、自分の上昇を求めない人は、昔の記録と共に残るでしょう。

自分のカルマやトラウマ、過去の問題を浄化する事ができなければ、時間の中に取り残される事になるでしょう。

銀河のフォトンエネルギーを受けていても、霊的時間に意識を向け、意識を目覚めさせ、精神を上げようとしなければ三次元的時間の中に留まる事になります。

更なるカルマやトラウマ、問題を積み重ねていき、自己を高めていくのに間に合わなくなります。

アセンションに関する情報は沢山ありますが、物質的呪縛、執着から解放されていなくては、アセンションはありません。

フォトンベルトは高まりたい人、波動を上げたい人にとって大いなる助け船です。

意識を上げるというテーマ、霊性というものに触れたり、電磁波などの目に見えない社会問題や各人が努力すべきテーマに触れると、人は後ずさりします。

多くの人は前に向かって進む努力をしたくないのです。自分のために誰かにしてほしいのです。

しかし、このような受け身の時代は終わりました。

他の人が自分を変える事はできません。自分しかないのです。

カルマ、トラウマなど、細胞に記録された精妙なエネルギーを動かすには、本人の強い想いが必要です。本人の強い意思がない限り、誰も深く眠る過去のエネルギーを動かす事はできません。宇宙の法則が許さないからです。

あなた方はロボット化した社会を作り出しました。自らを拠り所にするのではなく機械に頼る社会です。

しかし、自分を頼るしかない時が来ます。機械はあなた方に恩恵をもたらす事ができなくなるでしょう。あなた方が意識を上げれば、今よりはるかに高い全く異なったタイプのテクノロジーを発明する事ができるようになるでしょう。

高いテクノロジーの基本は、自分、他人、母なる地球、大自然を尊重する事にあります。

今のテクノロジーはそれらの特徴を全て失っています。自分、他人、地球、大自然を尊重していません。日々地球に毒をふりまき地球をごみ箱化しています。これが現在のテクノロジーの問題です。

携帯電話の中継アンテナが発生している電磁波、電気によって作られた電磁波は、地球の内部を傷つけています。

小動物、自然、植物を傷つけ、動植物やあなた方自身の突然変異や奇形を起こしています。日毎に強化される電磁波は、あなた方の健康を害しています。

テクノロジーは、もっと質の高いものに進化させていかなくてはなりません。あなた方や地球、自然、動植物にとって好ましい、別の技術を開発していかなくてはなりません。

今のあなた方のテクノロジーは経済を潤すためのものであり、愛によって作られたテクノロジーではありません。

もちろん全てのテクノロジーが悪いと言っているわけではありません。あなた方が前に向かって進むのに役立っているものもあります。

テクノロジーの乱用、悪用は、方向性のない暗い道にあなた方を導いていきます。

地球はあまりにも汚染されて、あなた方自身が自分は本当は誰なのか認識できなくなっています。

ですから、想いの世界の変化、エネルギーの変化、アセンションは、悪循環を繰り返しています。

るあなた方の社会を変える上で、非常に重要なものです。

神意識や人としてのパーソナリティの喪失、肉体、精神の後退へと導いていている機械文明から、あなた方は自分で立ち上がれなくなっています。意識、精神、霊性を上げる努力をする事なくては、地球の浄化やあなた方の体の奥の世界の浄化を乗り越える事は難しくなります。

幸せな暮らしを物の世界に求める時代ではありません。好む好まざるにかかわらず来たる時の流れを生き続けていくには、意識を変えざるを得なくなるでしょう。そうでなくては、肉体を持って生き続けていく事が難しくなっていくでしょう。

何故か。それは肉体の周波数を上げなくてはならないからです。

宇宙からのフォトンベルトのエネルギーは、あなた方が持っているマヤズム（＊巻末語彙集参照）や問題を前面に引き出していきます。地球に起ころうとしている大変化に肉体的にも霊的にも耐えていくためには、そのエネルギーを受け入れる準備をしていく必要があります。

あなた方の人生、社会、世界にとって、今まさに来ようとしている大きな変化について理解して頂ければと思います。

天の時は告げます。今ここで変わる事が必要だと。

地球の大変化の始まり、エネルギーの調整期

地球の兄弟たちよ、地球は今難しい時を経つつあります。

地球はアセンションのプロセスとしてエネルギーの調整期に入っています。地球の重力場におけるエネルギーの大きな乱れの中、地球は急激な変化を迎えています。

私たちは、地球の全ての兄弟たちが、物に対する考え方を改め、意識、霊性の向上を目指す時の流れにある事に気付いてくれるよう願っています。

生きていくための基本的な物があります。

それは必要に応じたものであり、必要以外に物を求め続けていけば、自分のアセンションのために用意されている道を見失うでしょう。

地球に降り注いでいるエネルギー、フォトンベルトのエネルギー、周波数防御壁（＊巻末語彙集参照）は今エネルギーの嵐のような段階に達しています。他の兄弟たちがすでに幾度もお

伝えしているようですが、この事について私が触れるのは初めてです。

これからは浄化の現象が多々あるでしょう。それは人類を傷つけるためでも災害やパニックを起こすためでもありません。地球の調整、地球のアセンションのプロセスによるものです。


ですから、あなた方も肉体の波動を高め、細胞の記憶をより高い波動へと変容させ、降り注いでくるエネルギーによる地球浄化のストレートな対象とならないようにする事が大切です。

これからこの変容は更に加速されていくでしょう。

今日お伝えの担当をしている私たちは、科学技術、光の船、周波数防御壁の動き、フォトンベルトの活動に従事している者です。

あなた方は、地球をアセンション、調整に導くいかなるエネルギーにも順応できるように強化されていかなくてはなりません。

新たな体、新たなエネルギー、エモーション、霊的構造。これらを得るために、変化のプロセスを通らなければなりません。人類は肉体、エネルギー的構造、細胞の記憶を変化させなければなりません。

そのためには、物からの執着を断つ努力が必要です。

執着を断つという事は、必要な物に対して執着を断つ事ではありません。必要のない物、余分な物に対する執着を手放す事を意味します。

あなた方は人間です。食べたり飲んだり、衣服も必要だし、移動する事も必要です。それらは人として活動するための必要性です。

あなた方は肉体、即ち物質的な体をもち、好む好まざるにかかわらず物の中で生きているからです。

現在、天、法則、宇宙連盟、連合は、人類に対する大きな浄化――浄化というより大きな変化なのですが、その結果を抑えるために様々なレベルで活動しています。

中南米を見て下さい。つい最近でもメキシコ、コロンビアで大規模な土砂崩れが起こりました。

すでにお伝えしていますが、それは人類が地球に対して物質的、霊的に汚染をもたらし、自然界のミクロスピリットであるデヴァやエレメンタルを衰退に導き、母なる地球、大地を支える力を失ったからです。

ですから、山麓に住む人々にとって土砂崩れなどの脅威が高まっているのです。

これは、あなた方全員にとっての警告です。**あなた方人類の想いはまだまだ上がっていません。**人類の想いは、法則が待ち望んでいる目標レベルからほど遠いところにあります。

地球が先にアセンションするなどと期待しないで下さい。その前にあなた方がアセンションを果たさなくてはなりません。

地球はあなた方に食べ物を供給しあなた方の命を支えています。あなた方自身が自らを高め、アセンションに向かう条件を整えなければなりません。

その結果、地球がよりバランスが取れた形で調整を行い、より多くの人たちが地球に生き残れるようになるのです。

しかし、人類は自分の努力で成長し前進していく事を忘れてしまいました。盲目的に物に頼り、法則を見ようとしませんでした。

今この時代において、国々や人々の意識向上はこの上なく重要なものですが、人類により作られた科学、医療、政治、心理学、哲学など、どれを見ても間違った方向に向かっています。

このままでは国家間の紛争は更に増えるでしょう。日中間及び中国と他の周辺諸国との紛争も継続するでしょう。

あなた方の政治は、国内外において指導力がないからです。

中国もこのまま行けば、食料不足、飲料水の枯渇、河川の汚染や山々など大自然の破壊などにより提供するものが何もなくなる時が来ます。自己崩壊に向かいつつ、経済を更に推進するために他国の領土を占領しようと躍起になっています。

あなた方日本人は眼を開かなくてはなりません。

平和な国でありながらも、全ての問題において他国に頼らない独立した国でなくてはなりません。

霊的に豊かになり平和な国であるためには、霊的自由がなくてはならない事を理解して頂きたいと思います。

霊的自由とは、他を尊重し自分を尊重する姿勢が全ての根本に存在する事です。平和のための戦いは全く必要ありません。常に頭を高くし、前に向かって進むための法則を守る事が必要とされるだけです。

法則が正しければ法則の世界（光のヒエラルキー）が動きます。

二〇一〇年から二〇一二年は、地球のアセンション、調整、あなた方自身のアセンションのための土台であり、危険な気象上の現象も多くあるでしょう。

しかし、あなた方のエネルギー、周波数を変えていけば危険な目には遭う事はないでしょう。あなた方がエネルギーを上げていけば常に安全な所を選択していき、危険な場所には行かないでしょう。

変化は素晴らしいものですが、一方変化に対して適切な準備を行っていない人々にとっては危険である事を知って下さい。

地球は二〇一〇年九月末現在、乱気流のごとくエネルギーが大きく動いています。

地上でエネルギーが大きく振動し、気象現象、重力場も変化し、広範囲にわたり様々な結果を招いていきます。

ですから意識、霊性を上げ、それら気象現象、地殻変動、メンタル、霊的問題などに巻き込まれる事がないように過ごして下さい。

地球のエネルギーはダイナミックな動きの中に入っています。霊性に基づいた生活を心がけて下さい。

太陽の変化と使命

大昔から人類は太陽と深く関わってきました。

インカ、マヤ、アステカ、アメリカのホピ族、フィンランド、ニュージーランド、スイス、デンマーク、ノルウェー、スペイン、イギリス、チベット、日本、インド、オーストラリア、ハワイなどには太陽について深い認識があり、太陽にアクセスしていた高度な文明を持っていた種族が存在していました。

太陽については様々なエピソードが残っていますが、それは肉眼で見ている物質次元の太陽ではなく霊的次元の太陽についてです。

太陽はあなた方の目に映る通り、光を放っている星です。

しかし、その物質太陽に重なり霊的太陽が存在しています。霊的太陽とは**霊的命の源です。**

太陽は特にこの時代、アセンション、即ち霊的進化、意識や霊性の高まりにおいて重要な役割を果たしています。

太陽は地球の中心です。熱の中心に霊的部分の中心が存在します。太陽を通してネガティブなものを燃焼し浄化し除去します。

太陽のエネルギーにより命は育ち地球は変容します。この「変容」とは物事が内側から本質的な変化を遂げていく事を意味します。

あなた方が生きていくためには、太陽の物質的エネルギー、霊的エネルギーの双方が必要です。

太陽はあなた方が考えているよりもはるかに深い世界です。

太陽は愛です。多くの人々が太陽を崇めていますがその深さは理解していません。

太陽は法則です。霊的太陽の中に神々が存在します。

今まで人類を導いてきて、これからも導き続けていく偉大な神々が存在します。現在、太陽はアセンションの法則に従って波動を上昇させていくプロセスにあります。

太陽は非常に強い波動エネルギーであるフォトンエネルギーを放射し、人類一人一人の霊性を開こうとしています。

霊的太陽は神意識の一つであり、人類の進化にとってなくてはならないものです。

太陽は命の中心であり霊的中心です。太陽の奥に、人類の波動上昇のために必要な霊的エネルギーが存在します。太陽の中に、人類が必要とする全ての精妙なエネルギーが存在します。太陽の中に平和、調和、安らぎが存在します。

太陽を見て下さい。霊的太陽を見て下さい。太陽の奥深くにある霊的太陽を感じて下さい。霊的太陽の中にあるあふれんばかりの愛に気づくでしょう。

地球の変容を望んでいる、神々の愛に気づくでしょう。

人類の変容を望んでいる、神々の愛に気づくでしょう。

霊的太陽の大きな使命の一つとして、人類のネガティブエネルギー、地球のネガティブエネルギーを吸収し、浄化する働きがあります。

それは今までの、そしてこれからの霊的太陽の役割です。

太陽は人類が前に向かって進んでいくように後押しをしていますが、霊的高まりに向かって努力する事を怠ればそのサポートを得る事ができません。

地球はアセンションのプロセスとして
エネルギー調整期に入っています。
地球の重力場におけるエネルギーの大きな乱れの中、
地球は急激な変化を迎えています。

太陽は地球の全てのネガティブエネルギーを吸収し変容する準備をしています。太陽はそれらを焼き尽くす浄化の火のエネルギーです。

太陽は単に地上を照らし熱を与えるだけではありません。

太陽はネガティブエネルギーを吸収し、燃焼し、ニュートラルなエネルギーへと変容させます。

太陽は宇宙空間に存在する膨大な量のごみを吸収し、焼き、リサイクルエネルギーへと変えていきます。

ごみの焼却や火災、戦争、化学兵器によって地上にもたらされた黒煙は全部どこに行くのでしょうか。太陽が拾い上げ、濾過し、ゼロに戻します。そこまで太陽が行っています。

その太陽が、今人類の意識向上を望んでいます。太陽の中に住む高次元の存在は、あなた方人類の霊的成長を待ち望んでいます。

日本は昔から太陽を信仰していた国です。古代、高度な精神文明を築いていた中南米の国々と同じく太陽神の国です。

それらの文明はやがて権力を乱用するようになり、神への生贄として人命を犠牲にするなど、神に対して誤った信仰や行動を取るようになり滅んでいきました。そういった高度な文明はいずれも神々や法則に対して大きな過ちを犯したために退廃していきました。

真の神々は一切の犠牲を必要としていません。真の神々が望んでいるものは、人類の霊的成長、神を内在する人としての生き方です。

地球で行われるあらゆる浄化、気象の変化、地殻活動など全て太陽と関係があり、太陽はこれからの地球の変容にとって中心的役割を果たしていきます。

今まで天候は、太陽、月、海、地球や自然界の電磁波波動により影響を受けてきました。これからは全て太陽によってコントロールされていきます。

なぜこんなに天候が不順なのか、農業に様々な変化が現れるのか、なぜ地球がこれほど変化してきたのか誰も正しく説明していません。

これは全て太陽の変容によるものです。

太陽は地球を浄化する際、ネガティブエネルギーのぎっしり詰まった人類の想いも一掃しなくてはなりません。

そのプロセスが、地球における大気圏の変化です。

人類がそこまでネガティブなエネルギーを作り出したからです。

太陽はそれらのネガティブエネルギーの浄化、濾過を行わなければなりません。そうでなければ、地球は消滅の可能性さえある危険な状態にあります。

かけがえのない太陽の働きを感じて下さい。ネガティブエネルギーの負担が過度に大きくなれば、太陽も危険を負う事になります。

現在、太陽に関わっている存在は太陽の神々だけではありません。宇宙（コスモス）の神々、銀河の神々やコマンド、惑星の神々も太陽を助けています。

地球だけでなく、太陽系に属する全ての惑星のネガティブエネルギーを濾過し焼き尽くすという太陽の使命の遂行を支えています。

太陽は宗教や神話の中で語られているようなものではありません。霊的太陽はそれよりはるかに高く愛に満ち、同時に霊性という側面においては厳しい世界です。

あなた方の心の中にも太陽が存在します。

心の太陽は神の光です。

あなた方の意識が太陽から逸脱した時、あなた方の心も法則から逸脱するのです。そうすれば太陽が変化しても気づかないでしょう。霊性から離れ、内なる太陽が消えてしまったため、もしくは、気づきたくないという意思が働いているからです。

太陽が今も昔も変わらないと思うのなら自分を偽っている事になります。自分をおおっている殻から魂を自由にする努力が必要です。

太陽を観察すれば誰の目にも明らかです。現在、太陽はフラッシュライトのような閃光を放っています。

太陽は究極の天変地異から地球を救うという重要な決定を下しました。そのためには地球の浄化が必要で太陽はそれを遂行しつつあります。物質太陽であれ、霊的太陽であれ、太陽は浄化の光であり、スピリット、魂、肉体を浄化しクリーニングします。

人類が霊的進化の旅を続けていくためには、太陽の光はなくてならないものです。機械や物だけを見ている人は太陽を心の目で見る事はできないでしょう。神聖な遺伝子を失ってしまったからです。

神聖な遺伝子とは何なのでしょうか。

神聖な遺伝子とは、神から受け継いだ遺伝子です。

この物質社会の中では多くの矛盾が存在します。

例えば、多くの本が意識の目覚め、波動上昇について語っています。地球は変わりつつあります。

しかし人はどうでしょう。変わっていません。それどころか人としての条件やモラルを失いつつあります。モラルを失うというより、物だけの満足に依存しながら育てられてきたので、モラルが育っていません。物を買う事によりストレスを発散させたり、自由や喜びなど何でもお金で手に入れようとします。そのようにして人々は神から受け継いだ遺伝子を失ってしまったのです。

だから、心が何か分からず他人の苦しみも理解できないのです。理解できないので、どうしたら良いか分からないのです。

社会の便利さの中に浸りながら生きてきたので、社会の問題が分からないのです。そういう人が増えています。

地球の波動は上昇しつつありますが、神から受け継いだ遺伝子を失ってしまった人にとっては、地球は昔と同じです。

地球はエネルギーを変容させ、霊的変化に入りつつあります。

人として社会の中で調和を取りながら生きていくにはどうしたら良いか、その気づきを促すために病気などの現象に見舞われる事もあるかもしれません。

人が作り出した物中心の法律やルールは、人の神聖な本質を変えてしまいました。学校では物の法則や知識を頭の中にインプットする教育がなされてきました。しかし、これからそういった物の教えが役に立つのでしょうか。

そういった唯物的な教えをいくら詰めこんでも、人の本質である神の遺伝子を失ってしまったらどうなるのでしょうか。

若者だけではなく年配の人も無秩序に暮らしている人が増えています。持って生まれた神聖な本質を、物の価値と引き換えに手放してしまったからです。

これが現実です。変化の中にありながらも、多くの人が十年前、二十年前と同じような意識の中で生き続けています。

しかし、宇宙の法則には後戻りはありません。前進し続けていくだけです。このような中、どのようにしてアセンションを求めたら良いのでしょうか。

まず自分の内なる世界を見る事です。それが人類にとっての共通の出発点です。

太陽は意識の変容のための中心です。これが太陽の物質的、霊的な使命です。

人類がそれについて分かるまで、この波動上昇により様々な苦難があるでしょう。変容していかなければ、おそらく自らのスピリットが苦しみ、前進していけなくなるでしょう。

神法則は遅延もなく許しもなく冗談もなく、厳密に進められていきます。同時に、寛大で慈愛に満ちあふれています。

神の愛だからです。

これが人類の意識の中に芽生えてほしいと望んでいる法則の真の姿です。あなた方一人一人の意識が変化し、それぞれの内なる太陽が現れ、外なる霊的太陽と繋がる事ができるよう、そして霊性、パーソナリティ、神の遺伝子を備えた人として人類にアセンションが実現する事を、太陽の神々をはじめ銀河の光のセンターが望んでいます。

遠くない将来に、アセンションが大いなる愛の中、平和に行われていくよう、そのために社会が変わり、社会が宇宙の法則をあるがままに受け入れ、宇宙意思と共に進んで行く事ができるようにエールをお送りします。

宗教が預言していた「地上天国」の意味するもの

日本でも以前から光の時代、地上天国の到来を伝えていた宗教があります。宗教家の中にも太陽の神々と繋がっていた人たちも少なくありませんでした。五〇年以上も前において宗教家たちは昼の時代、光の時代が来るというメッセージを受け取っていました。彼らは光の時代は地上天国の時代であるとも言っていました。光の時代とは、神々、特にフォトンエネルギーと共に働いている太陽の神々が、地球、人類、日本に対してよりストレートに働きかけるようになる時代の事です。

そのため、光の時代は、人が持っている闇の部分、つまり欠点、カルマ、トラウマ、ネガティブエネルギーが感情を通してあふれ出るようになります。急に苦しい思いになったり、元気がなくなったり、いらいらしたりするなど今までなかった様々な感情を感じるようになります。太陽のエネルギー、太陽の神々、もちろん太陽神だけではありませんが、カルマ、トラウマ、様々な未浄化の問題を表面に浮き彫りにさせるように働きます。これは人類が自分の感情を光により表面化させ、クリーニングするための一つの形です。努力すればより早くその状況から抜け出す事ができるでしょうが、現実はそうはいかないようですね。

人類は、意識や霊性の高まりというテーマを置き忘れ、物中心で動いています。そのため光の時代が到来した時、多くの人がどうしたら良いのか、どこに助けを求めたら良いのか分からなくなるのです。自分の視点や意識が物の世界に向けられているからです。しかし、自分の感情を乗り越えるために物の世界に楽しみを見出そうとしても、地球全体に起こりつつある感情的な苦しさから抜け出す事はできないでしょう。

このように宗教家が主張してきた光の時代は今ここに来ています。あなた方一人一人はその中に存在しています。宗教家が言ってきた事には理由があるのですが、光の時代とはそのまま地上天国を意味しているわけではありません。自分を上昇させたいと思う人類に対して、カルマ、トラウマ、欠点などをクリーニングし、波動を高め、法則と共に光の中を進んでいくチャンスが与えられる事を意味します。この時代は多くの人が自分の欠点や問題を乗り越えていくのを助けるでしょう。

しかし、皆が進み続けていくわけではありません。自分のプライド、恐れ、信念の欠如、霊性から離れた生き方により、法則や内なる自分から遠ざかり、物の世界、ファンタジーの世界に逃避場所を見つけ出し、自分の内側に問題を抱えたまま進み続けていく人々もあるでしょう。その人たちにとっては光の時代はないでしょう。光の時代は遠くにあります。光の時代を頭上に迎えていながら、そういった状況に目を閉ざし、物のファンタジーを求めながら生きているからです。そのようにして自分の感情、目や耳をおおいながら進んでいきます。

けれども時代は違います。時代は意識の高まりを要求します。光の時代には全てが表面に浮き出てきます。感情、カルマ、トラウマ、問題が浮上します。それから解放されるにはそれなりの努力をしなくてはなりません。時代です。光の時代です。神法則の無条件の愛により、人類、個人がそれぞれのネガティブエネルギーをクリーニングして、これからのアセンションのプロセスを一段階ずつ上り続けていく事ができるのです。

各人が自分自身に対して責任を持つ新たな時代です。高まる、高まらない、苦しい、苦しくない、それはあなた方次第です。現実の霊的世界では、神々も光の存在も尽力を上げて立ち働いていています。その中には、かつて人類の救済のために懸命に働いた宗教的指導者もいます。そういった宗教的指導者が命がけで行ってきた事は決して無駄ではありません。彼らは、生きていた時は日本の人々の意識高揚のために全力を尽くし、今は日本人が神聖な法則や神々、光の存在に対して目を向けるようにと、霊的世界で光のマスターたちと共に働き続けています。彼らは霊的世界に移行する前に、このような時代、状況が来る事を知っていたのです。

更に高い霊的次元では光の存在たちが、この変容の時代、アセンションの時代のために活動しています。そのアセンションの時代を宗教家たちは昼の時代、光の時代と呼んだのです。あなた方はアセンションの時代と呼びますが、同じ事を言っていたのです。背後で働いていた存在が異なるだけで、皆同じ目的で人類のために活動しています。人類が光の中を光に向かって進んでいけるように立ち働いています。日本の太陽の神々も参加し、太陽の霊的光線を放射し、あなた方のエネルギーを浄化し高めているのです。日本の文明において、日本列島に生きた人々を浄化し力を与えるために、太陽の神々は重要な働きをしてきました。日本人の強い精神はその中で生まれたのです。太陽の神々は、日本人がもっと強くあるように、日出ずる国が霊性、精神の高みにおいて威厳ある国であるようにと今でも働き続けています。

宗教の言っていた昼の時代、光の時代は到来しました。今ほど自分のエネルギーを高めながら進んでいく事が重要な時代はありません。時代の変化が分からず苦しんでいる人が沢山います。また、自分で努力したくない、自分の問題を認めたくない、自分の問題を人のせいにしようとしている人も沢山います。それでは解決法はありません。まず自分の問題と向き合い、自分の問題を認める事です。それが法則に従って進み続けるために必要な事です。自分の問題、カルマ、トラウマ、欠点といった噴き出てくるものを人のせいにしてはいけません。自分と正面から向き合い、常に法則の中を進化しながら進み続けて下さい。そののぼり続けた先に、アセンションを遂げた人類を待っている新生地球、地上天国が存在します。

変化のはじまり、今重要なものは

日本上空に巨大な光の船がアンカーを下ろしたようです。これから大きな変化が始まります。皆さん、わくわくして待っていて下さい。

光の船はあなた方の日本の領土上空にあります。光の船は、日本に住む全ての人々の霊的記録を検証（モニタリング）しています。

各人のメンタル、スピリチュアル、心理的レベルに従い振り分けの作業に取りかかっています。

各人がそれぞれの生き方、考え方、想い、霊性に従いアセンションの道を進んで行きます。

その鍵となる、重要な時が来ました。

そのためにに何をしなければならないのでしょうか。

答えは簡単です。**内なる自分を見る事です。**

それではどのように見たら良いのでしょうか。それは健全な生活、霊的、メンタル、心理、感情的に汚れない生活をしているかどうかを見る事です。

あなた方はしきりに良くない現象、事象について話します。

云々だから地震が来るかも知れない、災害が来るかもしれないと、色々考えたり話したり情報交換したりしています。そういった現象はそれらを受け入れた時のあなた方の想いや考え方、意識に従います。多くの人は心の奥底に恐れがあるので、そういった情報を受け入れていくようになります。

あなた方は未来に対する恐れや不安の中で、法則や内なる自分を見ようとも信じようともしません。また、この周波数の変化、次元変容という事に対しても信じていません。

だから心の中で震えており、感情が浮き沈みしています。明日大きな地震があるのではないか、自分たちをどう守ったら良いのかと内心不安に過ごしています。

そのような事を考える代わりに、意識を上げる努力をすれば良いではないでしょうか。

地震が現実化しないためにです。地震は自然界の警告です。皆が一つになり、来ないで！

としっかりと思うなら変化します。

あなた方には高いエネルギーに向かっての一体化への想い、神聖なものへ統合しようとする力や意識が不足しています。あなた方は外の声にばかり耳を傾けていて自らの内なる声を聞こうとしていません。

マスメディアの情報を受け入れ、頭の中に恐れを作り出しています。それらはあなた方の意識に影響を及ぼし、アセンションの妨げに繋がります。

一般に見えない世界について語る人こそ法則を理解していません。ネガティブな情報を耳にすると、自分の中に恐れを生み出し、常に悪い事が起こると考えています。良い事が起こると考えていません。

ここに真のスピリチュアリストとスピリチュアリストにあこがれる人との差があります。

後者は常に頭では人の言う事を信じています。自分を横において人の言う馬鹿げた事を信じる方が簡単です。なぜなら自ら考え自らの波動を高める努力をしなくてすむからです。

しかし、最初にお伝えしましたようにあなた方の上空にはすでに光の船が存在しています。

間違いなく、これから魂の大いなる浄化が始まります。

前に向かって進みたい人とそうでない人との大きな分離が起こりつつあります。

アセンションに向けて進む魂とそうでない魂、影の中を進もうとする魂、物の世界を自分のバロメーターとして進む魂との分離が始まります。

この大いなる変化のために働いている高次元の存在たちは、あなた方が夢にも思わないような形であなた方を研究し記録しています。

そして、あなた方の体を、波動、次元、構造的レベルで、細胞、心理、メンタル、感情、スピリチュアルレベルで助ける事ができるように力を尽くしています。

しかし、あなた方はいつも反対方向を向いています。

今この時大いなる変化が存在し、二度と後戻りする事はありません。進んでいきたい人類とそうでない人類の間ですでに分離が始まっています。

霊界のスピリットたちの中にも、法則を認める事を拒絶している者たち、アセンションに対して反抗している者たちがおり、彼らは地球に残りたいと思っています。物の世界に対する執着により地上に残り、チャンスがあれば生きている人の肉体に憑依したいと思っています。

そういうわけで、これからアセンションのプロセスを歩んでいく事を望まない人たちは、やはりそれを望まないスピリットと交わるようになります。

これはどういう形で現象化してくるのでしょうか。それは憑依の現象や霊的な原因も加わった病気、頭の問題、血液の問題、白血病、多種にわたるガン、性格の豹変という形で現象化してくる事になるでしょう。

環境汚染を減らそうと言いますが更に増えるでしょう。経済効果に焦点を当て続けているからです。

二酸化炭素を削減すると言いながら、政府は企業を支援し続けるでしょう。エコと言いながら企業が陰で何をしているか知りません。現実にはエコの陰に国民の知らない落とし穴、嘘が沢山存在しています。

最初にお伝えしましたように、クオンタムシフト、次元上昇に向けての大変化のプロセスに対して準備をして下さい。

もうそこの角まで来ています。逃げ道がありません。誰一人例外はありません。

皆大きな変化の中に立たされています。それぞれの努力があるだけです。あなた方を待っている宇宙の法則を謳歌できるように、自らの高まりに励んで下さい。

大きな変化を拒む人たちは取り残されていくだけです。肉体、メンタル、心理、スピリチュアル次元で新しいエネルギーの周波数のインパクトやスピリットによる憑依を受け、体が耐えられなくなっていくでしょう。

フォトンベルトから周波数防御壁（＊巻末語彙集参照）を貫いて降り注いでくる新しい周波数のエネルギーは、これから次第に地球を圧迫していく事になり、それに対して体の分子が耐えられなくなるでしょう。

問題は家の中、すなわち自分の心の中にあるのに、まだ家の外の地震の事を心配しているのでしょうか。なぜ家の外ばかり見ているのでしょうか。

もう脇見をしている時ではありません。自分たちの波動を上げる事に集中していく時です。変化はそこまで来ています。スピリチュアル、メンタル、感情、心理、肉体的レベルにおいて、自分達のなすべき事に専念して下さい。先に進もうとしない人たちに対して時間を無駄に使う時ではありません。

これは法則です。人のために選択するのではなく、一人一人が自分のためにする選択に基づいて進んでいく時です。

前に向かって進んでいこうとしない人の事を心配する必要はありません。自分自身自らの本質、自らの光を探しつつ、そのように努力している人たちを助けていく時です。

魂の自由を求めている人、自ら高まりたいと思っている人を助ける時です。

何か求めているのだけれどそれが何か分からない、変わりたいのにどうして良いか分からない、そのように道の中に光を求めている人々に手を差し伸べる時です。

自分の将来、自分の事だけを考えて殻に閉じこもっている人たち、自分の利益だけのために人の手助けを求める人たちに応える時代はすでに終わっているのです。

人類は皆共に生きていく時代です。各人が自分の都合だけを探す時代ではありません。**真剣**

にアセンションに向けて自己準備をしていく時です。

そのために助けを求めている人たちに手を差し伸べる時です。

個人的エモーションや感情は横に置き、無条件の愛というものの厳しさを知り、隣人愛に目覚めつつ、常に法則を見ながら進んでいく時です。

進み続けていくためには何が必要かしっかり見据えていく事です。これがアセンションの道のりであり、法則です。

その他の事や自らの高まりを阻むような余計な事を考える必要はありません。アセンションは、マスメディアで恐怖をあおるような情報を見る事ではありません。

また、過去の情報も重要ではありません。**重要なのは現在と未来を生きる事です。**

地球は以前こうだったとかは重要ではありません。重要なのは現在と未来、地球がどのようであるかです。

地球の過去は過去、過ぎ去ったものです。地球の中であなた方は現在と未来を生きていくのです。

あなた方が地球の過去を思い出す時、あなた方は地球のカルマを思い出す事になります。地球のカルマを思い出すのは良い事ではありません。地球のカルマはあなた方自身により作り出されたものであり、地球の過去を思い出す時、あなた方によって引き起こされた地球のカルマを思い出す事になるからです。

あなた方の宗教、宗教家たち、堕天使の問題、あなた方の意識をコントロールするために宇宙から来た存在たち、そういったものが過去のエネルギーの中に存在しています。

だから、過去を見るべきではありません。

あなた方が今持っているものの中で現在と未来を見て生きていくのです。それがあなた方のアセンションです。

自分を信じ、自分の信念に忠実に、助けを望んでいる人たちに手を差し伸べる――それが無条件の愛です。

良い人、悪い人というのはその人の性格です。自らの感情を入れずに、性格とかに関係なく、助けを求めている人が前に向かって進んでいけるよう手を差し伸べる事です。

その人が変わろうとすれば性格も変わります。逆に本人が変わろうとしなければ、あなた方が何をしても無駄です。どのような時も、法則、即ち光の存在はどのように考えるだろうと考えれば良いのです。

それがあなた方がこれから学ぶべき最も大切な点です。

新生地球について

あなた方の多くは、アセンションと言いながらなぜ社会が変化しないのかと問うでしょう。では、社会に変化があるよう、なぜあなた方が率先して変わろうとしないのでしょうか。変化は存在します。気づいていないだけです。人生は同じように続くと考えています。でも、同じようには続きません。あなた方の人生のエネルギーは変化しています。

フォトンベルトのエネルギーは多くの問題をあなた方に引き起こしています。先に変わらなければならないのはあなた方であり、あなた方のエネルギーであり、意識です。

あなた方が変われば、あなた方の感性を通して社会が変化しつつある事に気づくでしょう。

あなた方の意識が上がらなければ、社会の変化にも気づかないでしょう。

今日はあなた方人類にとって、とても大切なお伝えがあります。あなた方が切望している新しい地球、新生地球についてです。

アセンションを介して多くの人が新生地球へと移行するでしょう。新しい光、平和、調和、安らぎ、エゴイズムや憎しみなき人々の愛で満たされた地球です。今のあなた方の地球はまるで地獄です。

なぜなら、力、名声、お金をめぐる闘争の中にあるからです。

新しい地球にはそんなものは一切存在しません。本物の愛、人類の愛、各人の内なる愛、希望があり、人々の間には結束が存在し、何かをするために皆が団結し協力し合います。

貧乏人も金持ちも有名人もありません。法則は全ての人に平等に働きます。

その新生地球は、想いの世界を高めたい、物、お金などの執着から開放されたいと思うあなた方全員のために準備されつつあります。本物の価値は各人にあります。それは、各人の中の神の本質です。

あなた方が新しい地球の住人となる事を望むなら、自分の内側を観察し、ネガティブなものをポジティブなものへと変えていく事ができるように、物事の受け取り方を変えなければなりません。

今の社会は政治家、有名人など権力のある者が、それ以外の人々をコントロールするために作られたものです。

新生地球は無条件の愛に基づき、人類が老いる事なく長い時を過ごす事ができる条件を提供します。新生地球は、一歩一歩確実に、人類にアセンションを提供します。

あなた方は、自分の喜びを全ての人々と共有し合うようになるでしょう。

食べ物など新生地球の全てのものを分かち合うでしょう。

光の存在たちと喜びを分かち合うでしょう。

そこでは光の存在たちはあなた方の前に姿を現わし、あなた方が強い決意の下、様々な事を乗り越え成長していくのを後押ししてくれるでしょう。

新生地球では前進したくない人は排除され、意識や思考パターンに従いそれぞれの場所へと連れて行かれます。そしてその魂が新生地球にふさわしくなるよう浄化するため、そこに留まる事になるでしょう。

そのとてつもなく重要な時が近づきつつあります。

新生地球はすでに神聖なプロジェクトの中に存在しています。

新生地球は全く違った次元界に、地球上にダブって存在しています。

もう地球の上に存在しているのです。

あなた方のどれだけがこの新生地球に住む事を希望するでしょう。

あなた方のどれだけが、新生地球に住むための霊的、精神的、エモーショナル的条件を備えているでしょう。

過去を見るべきではありません。
あなた方が今持っているものの中で
現在と未来を見て生きていくのです。
それがあなた方のアセンションです。

あなた方のどれだけが、将来地球が変わるという希望を持っているでしょう。

今のあなた方の地球は、あなた方全員にとってとても住みづらいものとなっています。新生地球の新しいエネルギーは、あなた方は多次元的存在で無条件の愛の存在であるという事、神々や高次元の存在とはあなた方自身であるという事、あなた方は神々の純粋で素晴らしい意識を受け継いだ人であるという事、これらを感じるチャンスを提供します。

今の人類は、多くの時を経るうちにこの意識を失ってしまいました。この無条件の愛の意識を失い、自らのエネルギー、心を汚してしまいました。

だから地球は今の汚い地球へと化したのです。人類は、未だに母なる地球を戦争で汚し、更なる破壊に導こうとしています。

新生地球は、全ての人々の間に愛が存在する世界です。自分や周りの人々、法則に対して真の愛がなければ、素晴らしい未来を約束する愛、調和、平和、光で満たされた新しい地球の住民になる事はできないでしょう。

だから、私たちは常々あなた方の意識を上げるように、精神を高めるように言うのです。

過去を見つめて過去を懐かしむ事に時間を失わないようにして下さい。

未来に向けて準備を整えるために、今の時間を精力的に生きて下さい。

明日という日は分かりません。明日何が起こるのか分かりません。だからこそ、より良い波動の明日を建設するために一日一日を、今の時を生きるのです。

それが、内なる平和を求める真の光の存在です。

もちろん、矛盾と唯物主義のルールに基づくこの困難で複雑怪奇な社会では、全てが権力を持つ者を利するように仕向けられています。

その社会においては長時間にわたる厳しい仕事、多くのストレス、複雑な人間関係が存在し、向上したいと思う心を維持し続ける事はとても困難でしょう。

しかし、ここに個人の挑戦があります。このような条件の中でも心の中の太陽を輝かせ、心を照らし、自らの意識を高め、問題から脱け出そうと試みる事です。

物だけを追求し続ける社会の病的な意識に汚染されないように意図的に心がける事です。

以上をもって、新生地球とは何を意味するのか、地球のアセンションとは何を意味するのか、人類の意識のアセンションとは何かを理解して頂けたらと思います。

幸福に包まれた多次元的存在として、新生地球の住民として進み続けていける事を期待しています。

意識の向上によってのみ、意識の高い地球に住む事ができるのです。それ以外方法はありません。光の存在である事は簡単ではありません。でも難しくもありません。

光の存在である事は、法則を理解し、法則に正しく生きながら前に向かって進み続ける事です。

内部地球のエーテルシティと地上の文明の違い、物にも感情がある理由

私はジョルジェの個人的メンター（霊的指導者）です。内部地球の存在が、現在私に地球はニュートラルなフィールドに入りつつあると伝えてきています。

銀河のセントラルサンと内部地球の太陽との融合です。

今日は地球内部の次元間世界に住んでいる存在からのメッセージをお伝えします。

彼らは、内部地球の太陽のシステムを良く理解しています。今日は、あなた方がどんな時代を過ごしつつあるのかという情報をお伝えしましょう。

＊

私たちは、地球内部の次元空間の世界に住んでいます。あなた方全員に挨拶をお送りします。

地球は大浄化のプロセスに入りつつあります。聖書には最後の審判とあります。しかし、最後の審判ではありません。これはあなた方が言うように、地球の浄化、アセンション、調整の始まりです。

あなた方は地球を物質としてしか信じていません。しかし、地球内にはあなた方が想像すらしていない次元間世界、光の世界、命の世界が存在しています。

私たちにもあなた方と同じように太陽があります。**インナーサンです。**

インナーサンとは何なのでしょう？　あなた方と同じ太陽が地球の次元間の空間の中にあるのです。多次元ポータルを通して、銀河のセントラルサン、あなた方の太陽、内部地球の太陽は繋がっているのです。

私たちは、非常に高い文明にたどり着く事ができました。**愛による文明です。**

あなた方は本などで哲学者や宗教家が、昔あった沢山の文明の存在たちが内部地球の次元間世界へ逃避したと言っているのを見聞きした事があるかもしれません。私たちはそういった数あるうちの文明（＊91ページ注1）の一つです。

聖白色同胞団とも常にコミュニケーションを維持しています。

太古の昔、地球でも銀河宇宙でも多くの戦いがありました。様々な銀河の存在が地球を占領し支配するため、厳しいルールを植え付けました。

地球でも神々、高い存在たちの間で流血の戦いがありました。（＊91ページ注2）

その時、多くの文明、多くの存在たちは、地球内部の次元間世界へと逃れたのです。私たちはそのうちの一部です。私たちは戦争を好まず平和を望んだのです。

私たちは、全体が一人で、一人が全体である光の世界、天国の世界を建設しました。互いに尊重しあい、全てを共有しながら生活しています。強い者、弱い者は存在しません。ルールは皆にとって平等です。

ですが太陽系にある地球は反対です。戦争、権力、破壊が存在します。

それは権力をめぐり互いに争った昔の神々の歴史により引き起こされたものです。あなた方はそれらのネガティブなエネルギー、時には良いエネルギーも共有しながら地球に転生を繰り返してきました。

二〇一一年、四月二十日現在、地球はニュートラルな状態にあります。ニュートラルな次元間空間に入り、非常に微妙な状態にあります。

それは、地球にこれから多くの浄化がある事を意味します。

肉体、精神、霊的な浄化、経済的浄化など、地球がアセンションを遂げるためには、これらのプロセスを通っていかなければなりません。

地球だけではありません、あなた方もです。あなた方の体、メンタル、心理、感情、霊的構造全てを変えていかなければなりません。そうでなければ、頭上から降り注いで来る次元的波動に耐えられなくなります。

私たちは地球の次元間世界に住んでいますが、地上の人類の波動上昇、アセンションにおいて、あなた方を支援する準備ができています。

地球には地表しか生命が存在しないと言っていますが、私たちは内部地球に住んでいます。地球の内部ですが他の次元です。

私たちは公正な社会を創造しました。適切な時が来た時には、地表に住んでいる人類が本来のエネルギーを取り戻すお手伝いをしたいと思います。

法則の中を前に向かって進んでいくためには、愛が基本にあるエネルギーを回復していかなければなりません。

そのためにはまずあなた方の意識、霊性を上げていく事が求められます。

私たちは、法則を皆の間で共有します。私たちは物質でも何でもコントロールする事ができます。**私たちの社会には愛があるからです。**

住民全員の間に愛があれば、物質をコントロールし、望むもの全てを手に入れる事ができるようになります。私たちは常に法則を、隣人を尊重しています。

では、どうしてあなた方は物質をコントロールする事ができないのでしょう？

それは、あなた方がお金、権力、エゴに基づくコンセプトにより動いているからです。

それではあなた方の物質に対する統治、コントロールする力は、これからますます難しくなっていくでしょう。物質はあなた方と協力するのを拒絶するでしょう。

物質にも感情があります。あなた方はその事が分からないでいます。あなた方は物質も地球の一部であるという事を忘れ、物を作ってきました。メタル、木、プラスティックであれ、全て意識を持っています。

なぜ意識があるのでしょう？　それは全部地球で生まれたものであり、創造のプロセスで協力してきた神々、デヴァ、ミクロスピリットたちによって作られたものだからです。

物作りは化学的プロセスです。しかし意識は存在し続けています。あなた方は物質を軽視し、自分達は物質よりも優れていると思い込んでいます。

だから、あなた方は物質を操作する事ができないのです。物質もあなた方にはほとほとあきれています。

あなた方は物質に対して無責任であり、物質を自分達の都合のために利用するだけで感謝をしてきませんでした。

例えば、家を作るためにはどれほどの素材が必要でしょうか。沢山の素材が必要です。

それぞれの素材には意識があります。それらの多くには感情があります。特に木材などは生きた素材です。あなた方が建築に使う木材は最も生きた素材です。木材は人類全ての感情を吸収します。悪感情を持ったり木材を乱暴に扱ったりすれば、その感情は木材の分子の中に残ります。

木材ばかりでなく全ての物質も同じです。ですから事故や問題が起こるのは、多くの場合、あなた方が言うような霊的問題だけではありません。あなた方が物質に対して生み出したネガティブエネルギーを、物質が沢山吸収した事による場合も少なくないのです。それにより物質が後々環境を汚していく事になります。

物質がネガティブな感情、ネガティブな波動を吸収すれば、ネガティブな力を引き寄せるようになります。そのため次第にその空間は汚れていき、遅かれ早かれ、何らかの浄化を起こすようになります。

物質にも感情がある、と教えているのです。物質も地球の子供だからです。

あなた方もご存じのように、火、水、土、風、エーテルといったエネルギーが地球の構成要素（エレメント）です。

あなた方が使う素材は全て地球の構成要素から成り立ちます。あなた方は素材は動かないもの、生きていないものと考えていますが、それらは全て地球の子供です。

ですから、例えば地震が起こったとしても、あなた方が物質に対してもっと愛情を抱いているならば、あなた方の社会制度がお金を目的とした消費経済に基づくものでなく愛と調和に満ちたものであれば、家はもっと耐える力を発揮するでしょう。

家はあなた方を地震、土砂崩れ、火事などからしっかり守ってくれるでしょう。

あなた方は地球から生まれた素材で生きている事を忘れてしまっています。物質を大切にしなくてはなりません。

先ほど述べましたように、あなた方は物質に対するコントロールを失いました。これからあなた方の本来の精神、意識を回復していかなければ、宇宙の法則（神法則）に従って進んではいけないでしょう。

去る三月十一日に引き起こされたこの苦境、苦しみをもって大いなる反省と学びとして下さい。更なる苦しみがなければ気づけないようでは、その時には全てが遅過ぎるのです。

地球は過去何千万年、何百万年苦しみの歴史を過ごしてきました。あなた方は恐怖と破壊の歴史をこれから先も続けていきたいのでしょうか。

よく考え、あなた方の意識と精神を高め、新生地球の住民となれるように進み続けて下さい。

これは、地球の次元間世界で生活している存在からのアドバイスです。私たちはここからあなた方に話しかけています。私たちは内部地球に住んでいるあなた方の兄弟です。

＊注1：アウローラ（ウルグアイ）、ミストラン（ペルー）、メルス（ボリビア／ペルー）、テロス（アメリカ、シャスタ山）など、内部地球には様々な次元間シティが存在しています。
＊注2：人類は超人的な力があれば全て神々と呼びますが、七～八次元までの存在には善・正と悪・邪があります。

地球に降り注ぐダイヤモンドエネルギーとフォトンエネルギー、それを拒む人類のテクノロジー

あなた方が感じているように時のコンセプトが大きく変化しています。

毎日が飛ぶように過ぎていきます。

信じられないほどの速さで時が過ぎ、気づけば数時間、数日、数年過ぎています。

ですから、これから前に向かって進み続けていくためには、短時間のうちに自分と取り組まなければならなくなってきました。

現在、地球にはアセンションのプロジェクトに従い人類の進みを支えるために、ダイヤモンドのような光の素粒子が大量に降り注いでいます。

そのアセンションのプロジェクトは、あなた方各人にとって何を意味するのでしょうか。

それは、あなた方自身を発見する事を意味します。

なぜ自分は地球に生まれたのか、それはあなた方自身が自分に問わなければならない質問です。

これから生きてアセンションの道を進み続けていくために、神聖な存在として肉体、感情、スピリットを高める事ができるのだろうか、どの道を自分は進まなければならないのだろうか、何が将来待っているのだろうか、十年後の地球はどうなるのだろうか、人類はこのまま物質至高主義の法則に従って進み続けているだろうか。

一つ一つ深く見つめていけば、人類は根底から変わらなくてはならない事に気づくでしょう。

そのためにはどうしたら良いのかと、まずは我が身を振り返る事が必要です。戦争や世界中で起こっているネガティブな事象からは離れて下さい。

人類は昔から、そして今は民主主義の名の下に、人々をコントロールしようと躍起になっています。アメリカ、日本、ヨーロッパ、アラブ諸国全てがそうですが、それは人類は歴史を経て進歩を遂げてこなかった事を意味します。

自分自身の奴隷になってしまったのです。

何があなた方を奴隷にしているのでしょうか。テクノロジーです。

なぜテクノロジーなのでしょうか。手短にお伝えしましょう。

最初にお伝えしましたように、人類や地球のアセンションの準備のために、宇宙からダイヤモンドのような光素粒子があなた方に向けて降り注がれています。

法則、即ち高い光の存在たち、大天使や天使、神々は、地球及び地球に存在する全ての魂の解放、アセンションのために立ち働いています。

彼らはあなた方が光を享受し、法則に従い肉体、感情体、メンタル体、霊体などのエネルギー体を変化させ、アセンションに向かって欲しいと望んでいます。

一方、あなた方はテクノロジーの方に目を向けています。

あなた方がテクノロジーに心を奪われれば、人類をコントロールしようとしている政府や闇の組織と繋がりを持つ事になります。人類がアセンションに目を向ける事なくテクノロジーの世界にのめり込み、神法則との接点である眉間（第六チャクラ）、本来の自分との繋がり、自己―宇宙―地球との繋がりが存在する頭部にブロックをかけようとしています。

これがあなた方がハイテクと呼んでいるものの問題です。

それは本物のハイテクではなく、質の低いテクノロジーです。

なぜならあなた方のハイテクはあなた方を魅了し、心を奪い、依存させ、経済活動の奴隷となるようにコントロールするものだからです。

そうすれば政府は国民を容易に操作できるようになり、あなた方は本物の現実、政治、経済一切の現実から離れた所で生きていく事になります。脳のシナプスはブロックされ、人として自分で物事を考える事をやめ、コントロールされるままになっていきます。

政府はこのハイテクを積極的に活用しようとしています。それはアセンションの法則、あなた方一人一人の意識の高揚とアセンションを阻む事になります。

では、コントロールされるとどのようになるのでしょうか。

まず、左右の脳のアンバランスです。今まで人類は左右の脳のバランスが取れていました。自然界の法則に従い、内なる霊的な高貴さと繋がり生きてきました。

しかしテクノロジーの時代に入り、人類は左右の脳のコントロールを失い始めました。

左右の脳がバランスが取れている事は非常に大切な事です。ここをよく注意して聞いて下さい。

地軸が変化し始める時――実際これは傾き始めていますが、その時左右の脳のバランスが取れていないと問題が生じるようになります。

太陽から降り注いでくるフォトンエネルギーと繋がる事ができなくなるからです。

そうすれば、意識の高まりに導く法則から分離し、物の世界に幸福を求めていくようになります。機械を敬い、機械と共に機械のために生きるようになります。

感情を備えた普通の人である事をやめ、何が良いのか悪いのかさえ分からなくなります。

喜びも緊張もエモーションも消えていき、うわべだけの感情で動くようになります。

大声で笑い泣く事もありません。悲しみも理解できません。

人は本来、愛、悲しみ、喜び、エモーションなどの深い感情を持って生まれます。

それは全てハートから湧いてくるものです。

しかし、あなた方は論理的な頭から感情を引き出そうとします。左右の脳のバランスが崩れていると、良いもの悪いものの区別ができず自分をコントロールできなくなります。

それで常に自分の外にあるものが提供するものに依存するようになります。自分が幸せに感じるために娯楽、ファンタジー、テクノロジーなどが必要になります。

四六時中パソコンやケータイ（携帯電話やスマホ）に触れている人が日毎に増えています。自分の中が空《から》になれば、外に向かってもっともっと求めるようになります。

そしていつか自分を見失っている事に気づくのです。

でもそれでは遅いのです。

内なる神の本質を回復する事ができなくなるからです。これは大きな問題です。

人類の意識向上とアセンションのためにダイヤモンドのようなエネルギーが地上に降り注いでいても、自分のエネルギーバランスが崩れているためにそのエネルギーを受容する事ができない人たちがいます。

その人たちは何を求めているのか分からないまま物質世界に埋没して生きています。

ケータイがなくなれば生きていけなくなる人もいるでしょう。自殺したいと思う人もいるでしょう。太陽からの強烈な放射線、地球からの強烈な電磁波エネルギーの中、ケータイやパソコンを中継している衛星が機能しなくなる可能性もあるでしょう。

いつかは分かりません。長時間続くのか一時的なものかも分かりません。

あなた方はテクノロジーではなく、内在する本当の自分を探さなくてはなりません。

そのために光の存在たちは、フォトンエネルギー、ダイヤモンドのような光粒子を地球に送るために懸命に活動しているのです。

人類がそのエネルギーを吸収し、パラレルワールド、ネガティブな思考形態、物欲を中心とした生き方を燃焼し浄化するためです。

ですから、地球に降り注いでくるこのダイヤモンドのような光粒子とフォトンエネルギーを自分のために活用して下さい。

頭頂と左右の脳を繋ぎ、脊髄を貫いて尾底骨から流れ出ていくこのエネルギーを、自らの浄化と神意識や霊性に目覚めるために活用して下さい。

同時に地球からあなた方に向かって放射される自然界の電磁波エネルギー、母なる地球からのエネルギーを吸収し、あなた方のハートで、頭頂から流入してくるコスミックエネルギーと融合させて下さい。

これは神聖なるプロジェクトです。

特に、都会でコンクリートの中で暮らし、自然の中で過ごす事もなく、健康に気をつける事もなく、化学物質を含んだ食品を食べ続け、タバコを吸い酒を飲み、何かあれば薬に頼るというそのような状態とエネルギーで、宇宙や地球のエネルギーと繋がる事ができるでしょうか。

あなた方の社会制度の下では、多くの人が自然の欠如した環境で、十分に休息も取る事なく、一日のほとんどをパソコンと向き合い、仕事に追われて明け暮れています。

あなた方は都会や郊外に家を建てるために、毎年どれ程の自然をなぎ倒し、自分たちの酸素を減らしているのか想像した事があるでしょうか。

一方、車や工場の排気ガス、あなた方のネガティブな想い、不調和な電磁波による汚染は都会に重くのしかかっています。

一昔前まで自然界のデヴァのエネルギーが都会のエネルギーの調和を保っていましたが、今は都会から自然を排除したためそれもなくなりました。

無制限の住宅建設が、自然界を守っていたミクロスピリットであるデヴァを抹殺してしまったのです。

それらの家々は銀行、政府組織により融資を受けて立ったのです。不動産会社、建設会社、仲介業者がそれにより大きな利益を得ています。

それがあなた方がしている事であり、それにより自らの首を絞めています。

あなた方は、自らの作り上げた社会制度を通して、あなた方の兄弟である同じ人間にコントロールされ、その奴隷となっている事にすら気づいていません。

互いに権力やお金が欲しいと思っているからです。

このようなエゴを基盤とした社会では愛、理解、社会的バランス、調和が存在するでしょうか。

苦しんでいる人はポジティブなエネルギーを放射できず、苦悩のエネルギーを放出します。

そのため、あなた方は不満、恨み、羨みなどのネガティブなエレメンタルでいっぱいの社会に住む事になります。

あなた方はより強いものに支配され、自分たちが生み出すネガティブな感情のかたまりであるエレメンタルで、互いを汚し合います。でも、それに対して何もしようとしません。支配されるままに任せています。

それは、自分自身を変えようとしないからです。

新生地球では前進したくない人は排除され、
意識や思考パターンに従い
それぞれの場所へと連れて行かれます。
そしてその魂が
新生地球にふさわしくなるよう浄化するため、
そこに留まることになるでしょう。

現在、ダイヤモンドエネルギーやフォトンエネルギーが降り注いでくる非常に重要なプロセスの中にあります。

あなた方が物の世界の夢とその奴隷である事から目を覚ましアセンションに向かうためには、まず四次元の世界に向けてあなた方の体を変化させていかなくてはならない時です。

そうでなければ、あなた方は現在の地球社会の意識に縛られたままそこに残る事になります。

物質中心の汚れた大衆意識に捉われ続ける事になります。

今、そこから自由になるチャンスがあります。各人が選択して下さい。

自由と意識の高まりを求めながらも、特に何も努力しないでアセンションを棚からぼた餅のように待っている人も、自分の目的を達成するためには内なる取り組みは不可欠です。

そうでなければ、自らのカルマ、トラウマ、パラレルワールドなどネガティブなエネルギーから解放される事はありません。

兄弟よ、どのように前に向かって進むべきかよく考えて下さい。

以前にもお伝えしましたように、二〇一二年以降、地球の調整は更に進んでいくでしょう。

その中で、人類の感情、メンタル、霊的、肉体的調整、地殻変動、津波、豪雨や豪雪といった地軸の傾きによる気候のアンバランスなどが待っているでしょう。

あなた方はこういった全ての現象を、平和、調和、バランスの取れた状態で受容できるように準備されていなくてはなりません。

これは浄化でも人類を懲らしめるためでもありません。

あなた方自身がこのような状況を招いたのです。

あなた方自身が地球を崩壊し、ネガティブな想いのエネルギーを放出したため、そのような条件を作り出したのです。ですから値するものを受け取るだけです。

人類全体が想いを変えれば、戦争をやめ、互いを理解しようとすれば、地球の調整はずっと軽いものとなるでしょう。

このままの状態では人類にとって過酷なものとなるでしょう。

ですからこれから起こる事に対して驚かないようにして下さい。

前年お伝えしましたように二〇一一年、二〇一二年はアセンションの鍵となる年です。

アセンションの主要な年ではなく、鍵となる年、始まりの始まりです。

マヤ暦は終わりを告げ、新しい光の時代に向かう道へと進む時の流れにあります。あなた方がしっかりとその道にしがみついて進めば、法則の中を進み続けていけます。

そうでなければ見失うだけです。

これから新たな存在、神々、セラフィン、ケルビン、エロフィム、デヴァなど無数の光の存在たちが、神聖なアセンションのプロジェクトを遂行していくでしょう。

龍神たちも人類の目覚めを助けるために、内部地球において川、湖、岩や山々の下で、何世紀にもわたる眠りから目覚め始めています。

しかし、自助努力をしない人は道を見失う事になります。

救われるか救われないか各人の努力次第です。努力する人は必ず法則の中を進み続けていけるでしょう。

これから必要な時空のテクノロジー、本物のアセンションとは

二十一世紀に入り、あなた方はハイテクと呼んでいるものを発展させてきましたが、今のテクノロジーでは未来がありません。機械ものを進化させようとしていますが、時空のテクノロジーという分野においては二十一世紀にしては余りにも遅れています。

あなた方は、時空のテクノロジーをもっと進化させるべきです。

あなた方は、経済に対する人類の従属性を維持するためのテクノロジーは開発してきました

が、時空のテクノロジーを進化させてきませんでした。

時空のテクノロジーとは何でしょうか。

時空のテクノロジーを発展させるためには、人類の中に今よりもずっと高い精神と無条件の愛、他人を思いやる豊かな心がなくてはなりません。つまり私達の意味する時空のテクノロジーは、汚染や健康を害する恐れの全くないライトな素材を使用した宇宙の叡智に基づいたものです。

この素材の発見こそ、地球やあなた方が進化のプロセスを成し遂げていくのを可能とするものです。

例えばUFO、これは宇宙人が存在している惑星で作られたものです。

宇宙人が存在している惑星にも多次元エネルギーが存在し、彼らは時間と空間を操作できるのです。

しかし、あなた方は時間も空間も操作できません。なぜそれが許されていないのでしょうか。

それはあなた方が霊性と無条件の愛に基づいたテクノロジーを培ってこなかったからです。

あなた方は良いテクノロジーを生み出す前に、まず金儲けを考えます。

あなた方が本当に賢ければ、ここをよく聞いて下さい。

ラジオ、テレビなどの機器を、時空を越えて機能できるように作る事ができるのです。多次元エネルギーを活用できるようになれば、あなた方が手に入れようと争っているいかなるエネルギーも必要としなくなるのです。

多次元エネルギーは肉眼では見えませんが、質量、空間、エネルギーを有しており、宇宙人はこれを活用しています。

もちろん、彼らの構造はあなた方のように物質的なものではありません。彼らの惑星はあなた方の惑星のような物質で構成されていません。もっと精妙な物質でできています。

かといって、宇宙人が皆良い存在である事にはなりません。邪悪な存在でも、あなた方よりずっと高度に進化した多次元エネルギーの世界に住んでいます。

あなた方がこのような機械を発明するためには、まず意識を上げなければなりません。多次元のエネルギーを操作できるコンダクター、レセプターとなる機器を発明すれば、乾電池も電気も何もいらなくなります。

私たちはそれを重力波と呼びます。

さて、あなた方もご存じのように地球には地軸があります。現在、地球はその地軸を大きく変化させつつあり、東西南北変わろうとしています。

ここをよく聞いて下さい。地球はその地軸を変えようとしているので、気候や自然界は大きな変化を迎えつつあります。自然はどんな変化に対しても非常に敏感です。

パラボラアンテナを持っている人はよく分かるでしょう。

パラボラアンテナが衛星からの中継波動をしっかりキャッチしなければ、テレビは映りません。

衛星中継システムと繋がるためには、アンテナが衛星から中継される波動をキャッチできる方向を向いていなければなりません。

地軸も同じです。

地軸が傾けば、地球の生命、自然、海、川など全てに変化が起こり、バランスが崩れます。今まで存在していたコントロールシステム、即ち今まで地球を統治してきたエネルギーの法則が成り立たなくなります。

今までのような形で宇宙からのエネルギーを受信しなくなり、そして全てが新しいエネルギーの形態、新しい時代、多次元エネルギーに向かって変化し始めます。

あなた方は今、極の変化、気候の変化を体験しているのです。

現在ヨーロッパは非常に寒く大雪に見舞われ、中南米では洪水が続いています。日本は比較的普通の気温が保たれていますが、日本とて例外ではありません。

日本も地軸の変化の中に置かれているのです。

生きとし生けるもの全て、植物、海、川、大地、鉱物、一切のものが大きなインパクトを受ける事になります。気候、降雨、火山、地球の磁気エネルギーのメカニズムは全て変化の中にあります。地球のデヴァやエレメンタルが弱体化し、地崩れが世界中で起こっています。

これは人類の自然破壊に加え地軸の傾きにより、デヴァやエレメンタルの地表を支えるエネルギーの弱体化が加速している事によるものです。

先ほどテクノロジーについてお話しましたが、人類には本来、自分たちが信じているもの以上の能力が備わっています。

精妙なエネルギーを物質的エネルギーとして活用できる多次元テクノロジーを開発するためには、人類は機械を進化させるのではなく自らの頭脳をもっと進化させていくべきです。

そうすれば、ラジオ、テレビ、冷蔵庫など全て多次元エネルギーで機能するようになります。

現在あなた方のテクノロジーは時代の進みからは非常に遅れているので、地球の周波数防御壁がもっと強くなったりフォトンエネルギーが更に強化された時、あなた方のテクノロジーは全てブロックされ、使用している機械はおそらく全てストップするでしょう。

肉眼では見えませんが、地球に生きているもの全て、自然、そして特に機械に大きな影響をもたらす周波数防御壁も地上に更に接近し、同時に多次元エネルギーが機能し始めているからです。

二年後、五年後、十年後いつかは分かりませんが、起こり得る事です。ただ時間の問題です。

その間、人類は石油や電気を手放し、新しいテクノロジーを発明する事ができます。

人類はそれらの古いエネルギーを手放す事ができるのです。地球の多次元フィールドに濃縮して存在するエネルギーを開発する事ができるのです。

それは見る事も触れる事もできませんが存在するものです。

人類は自らのエゴのために発見する事ができないでいます。人類は何かを発明する前に常に商売、金儲けを考えるからです。

そのエゴが、あなた方の手の届く所に存在するエネルギーを発見するのを阻んでいます。

それが、自然があなた方に与える事ができるものと、あなた方が自然から受け取っているもののとのギャップです。

この変化のプロセスでエネルギーはますます強くなっていきます。

先日お伝えしましたように、あなた方の生きている時空は現在三・八八八八八次元にあり、三・九次元をかすりつつあります。

二〇一三年、二〇一四年と、四次元に限りなく近づいていく事でしょう。

四次元に近づくとは何を意味するのでしょうか。

あなた方が四次元波動を受容するためには、エネルギー体、特に肉体を準備しなくてはならないという事です。

どのようにして準備するのでしょうか。簡単です。唯物的思考を横に置き、法則を受け入れる事です。物を中心とした考え方は消費を促し、人類の神聖な部分を退廃へと導くだけです。それは娯楽、快楽、便利さだけを求め、法則を求めません。法則は求めなければ、その恩恵を楽しむ事はできません。

あなた方の肉体は、あなた方のエネルギー体全てに対応しています。肉体は全てのエネルギー体の端末であり、最終的に人体として物質化したものです。ですから、あなた方は一〇〇％精妙なエネルギー体に依存しているのです。

地球で強化されつつあるこのエネルギーの変化の中で、あなた方の細胞がその多次元エネルギーをしかるべく吸収し肉体を滋養し、寒暖の激しい気象変化に対しても耐えられるよう準備する事が必要となります。

そして頭脳、自律神経系が機能していた今までのプログラムは、新しいプログラムへとシフトする事が求められます。

そのためにはどうしたら良いのでしょうか。

頭を柔軟にし、法則を受容し、法則を生き、肉体の磁場を開き、肉体に気をつけ、素晴らしいフォトンエネルギーを自然な形で細胞が吸収できるようにする事です。

肉体の磁場を開くとは、現実に起こっている事を人の論理的思考で判断するのではなく、法則としてあるがままに受け入れる事を意味します。

フォトンエネルギーがネガティブな結果をもたらすわけではありません。反対です。体が新しいエネルギーに順応する事ができるようになれば肉体は更に強くなり、気温が一日に大きく変動しても耐える力がつきます。

そして、あなた方の体は今までのプログラムを変え続けていく事ができるようになるのです。

物中心の人々、法則に対して意識を開く事なく法則の中を生きていない人々は、間に合って細胞を変容させる事はできません。

それは法則を求めないからです。

そして多次元エネルギーを求めないからです。

前に向かって進み続けるために、自分を見つめ自分を助けようとしないからです。

唯物的思考の人は死ぬとか、具合が悪くなるという事を言っているのではなく、法則に従って進もうとする人はより安らかで穏やかに新しい時代、光の時代へ進んでいけるという事を言っているのです。

あなた方は、九〇%がネガティブエネルギーの世界に住んでいます。

あなた方にその罪はありません。しかし自分自身に対して責任があります。

自らその責任を取り自己向上を目指す時、神々はあなた方を手助けするために降りてきます。神々は、様々な障害を乗り越えたい、自らの精神や霊性の向上を目指したいというあなた方の想いを理解しています。

神々はあなた方のそういった真摯な想いを見ています。

初詣の時期になると、生まれた時から一度も神社に行った事がないのに、願い事をしに初詣に出かける人もいます。

仕事が欲しい、結婚相手を見つけたい、子供が欲しいなどと神社に願うのですが、自分では一年間、何も努力していません。

三六四日神を否定して生きていながら、年に一回、大勢で神社に押しかけていけば人生が変わるというものではありません。各人の内なる自分のみが変える事ができるのです。

意識を上げる事、精神を高める事、法則に従って生きていく事、隣人を愛する事、隣人を攻撃するのをやめる事、隣人と競うのをやめる事、それを来年、更に次の年へと目指して頂ければと思います。

これからの時の流れについていくら外に情報を求めても、中々回答は見つからないでしょう。

ある朝、目を覚ましたら地球がばら色に輝いているなどと夢を見ないで下さい。世界がばら色に輝くのを夢見るならば、あなた方自身がそのように動かなくてはなりません。

あなた方が内なる自分と懸命に取り組んでも、そのような事を全く信じない人は沢山、沢山いるでしょう。

人類が皆アセンションに向けて動いていると夢見る事なく、各人が本当の自己責任というものを果たして下さい。これが本物のアセンションです。

これから更に、肉体、精神面での問題、複雑で困難な状況など、あなた方全員にとって難しい時の進みとなっていくでしょう。

そういった壁を一つ一つ乗り越えていくためには、あなた方自身が向上していかなければなりません。

壁は法則の中を前に向かって進み続けていくためのお試しです。壁を障害物と思う人は乗り越えていく事ができなくなるでしょう。

お試しと思って努力する人は、進み続けていくでしょう。

以上ですが、地球の地軸が傾いている一方、アセンションのプロセスにおけるあなた方のテクノロジーは非常に遅れている事も、あなた方の体が老い続けていく事も、神法則に基づいた地球の新しいプログラムに沿って進んでいない事を意味しています。

地球は体を揺さぶり始めましたが、人類はまだ眠り続けています。

地球がカタストロフィーの警鐘を鳴らし続けているにもかかわらず、人々は眠ったままです。

地球で大きな出来事が起こるまで眠り続けているのでしょうか。

某アメリカ映画ではニューヨークに大波が来て、ある者は救われ、ある者は救われない、というファンタジックな場面を設定していますが、一度本当に大きな波が来れば誰も救われません。

映画が語るように物事はファンタジックなものではありません。

各人が自己を磨き、そのようなカタストロフィーが世界中のどこにも起こらないようにしていかなくてはなりません。

あなた方自身がそのような大浄化が地球にもたらされないように、エネルギー的な壁を創造していくのです。そうでなければ、カタストロフィーはいつ来てもおかしくない状況です。

法則の中を進み続けながら自らのエネルギーを創造して下さい。

木曽川の龍神から神聖なプロジェクト――アセンションに導く計画

日本各地に龍神は存在していますが、私たちはここ木曽川の龍神です。私たちの多くは神々であり、ドラゴン、大蛇から小さな蛇といった蛇族、レプティリアンといった様相をしています。

私たちの仕事は可能な限り日本の災害を押しとどめる事であり、日本が津波、地震、雪崩などのカタストロフィーに飲み込まれないよう、最大限に日本列島をコントロールする事にあります。

しかし最終的に決めるのはあなた方自身です。

あなた方の想い、日常生活、考え、決断がその結果を選択していくのです。

この二〇一二年は未来に向けてシフトの鍵となる年です。

二〇一三年、二〇一四年とますます変化が大きくなっていきます。あなた方が受け取るであろうエネルギーは更に厳しくきつくなっていきます。

一方アセンションを求める人にとっては、喜びでエネルギーを享受しながら進んでいく事になるでしょう。しかし、粗雑で攻撃的なエネルギーと交われば、方向性を見定めるのが大変になるでしょう。

ですから、法則に従って前に向かって進んでいきたいと思う人は、周りで起こっている事に心を奪われないようにして下さい。

そして自分自身を見て下さい。自分の霊的道のりを見つめて下さい。

二〇一二年以降のための神聖なプロジェクトがあります。神聖なプロジェクトとは、アセンションに導く計画です。

霊的な道というものが存在します。霊的な道にたどり着くためには、法則に乗り進むための努力をしなくてはなりません。

法則と共に進む事は神々と共に進む事を意味し、神の意思（天意）に沿ってあれば霊的道に乗る事ができます。そうすれば間違う事はないでしょう。そうすれば、何の問題も生じる事はないでしょう。

霊的、精神的、感情的、物質的にあなた方の人生に投影されている霊的な道を見失えば、あなた方は間違えて落ちていく事になるでしょう。落ちていく中自らの霊性を見失う事になり、再び道に戻るのは難しくなるでしょう。

ですから、一度道を見つけたなら、決してその道を見失わないようにして下さい。道を続けるための想いや、そのエネルギーを感じる感性を見失わないように十分に気をつけて下さい。倒れれば立ち直るために時間がかかります。その時間は今となっては黄金の価値があるものです。

起きて、食べて、飲んで、働いて、遊ぶ。そのような人生の時代は終わりました。

もちろん人としてある程度そのように過ごすのは悪い事ではありません。しかし、神聖なプロジェクトの道を決して見失わないようにして下さい。

二〇一二年はあなた方全員に、神々によって創造された神聖なプロジェクトが存在するという事を断言します。

最高神から発信されたものは順次下の神々へと伝達され、あなた方人類がそのプロジェクトに従い進むようにと、五次元、四次元の神々までプロジェクトに対するコントロールは行き届いています。

あなた方の世界でそのプロジェクトを実行しているのは誰でしょうか。龍神たちです。ここ木曽川流域の山々にも存在する龍神たちです。

これらの山々の下にいる龍神たちは神聖なプロジェクトを理解しています。なぜ彼らは今の時代に重要な役割があるのでしょうか。

それは神聖なプロジェクトによるものです。彼らは人類が考える事と関係なく、神聖なプロジェクトに従って動いています。

あなた方も神聖なプロジェクトに従って進めば、前に向かって進んでいく事ができます。

神聖なプロジェクトとは何なのでしょう。マップです。あなた方が地図で町を探すように、神聖なプロジェクトとは進むべき法則、道が記されているマップです。

神々、龍神、レプティリアンなどの光の存在たちはマップにあるプロジェクトに従って動いており、あなた方に進むべき道を教えています。

その道を歩むか歩まないかはあなた方次第です。

彼らは日常生活、アドバイス、瞑想、啓示を通してあなた方にどのように進むべきか教えています。

しかしあなた方が意味のない些細な事に時間を失っていれば、プロジェクトからはずれていくでしょう。

テレビ、新聞を見て下さい。毎日、社会でとんでもない事が起こっています。

何かとは言いません。社会で起こっている事はあなた方が一番よく知っているはずです。

二十一世紀に入り二〇一二年に入った今、人がどうしてこんな事までできるのか、動物以下の立ち居振る舞いをする事ができるのか理解に苦しみます。動物の方がはるかにレベルが上です。

人類は皆兄弟です。同じ兄弟に対してどうしてこんなにひどい事ができるのでしょうか。

それは霊性が失われた事により、政治や法が乱れ、社会が衰退し、家庭や学校が崩壊しているからです。

それは個人の退廃を生み出し国全体を弱める事になり、そうして社会の霊的バランスは失われていきます。

社会の集合意識は量子的記憶であり、それは人々が作り出す大量のネガティブな想いのエネルギーとして存在しています。

なぜ最近、日本でも世界でも意味もなく周りの人を攻撃する人が増えているのでしょうか。ある人がメンタル、霊的、感情的にバランスが崩れていれば、社会の濃厚なネガティブエネルギーの影響を容易に受けるようになります。それはその人を異常な行動へと走らせるようになります。

なぜなら、その人は社会のネガティブエネルギーの強烈なインパクトに耐える事ができるように準備できていないからです。

その人が悪いというより、社会が神の意思と反する身勝手なプロジェクトに基づいて動いているからです。

一方、地球の調整は、あなた方の想い、法則に従って進むか進まないかにより変化していきます。

二〇一二年以降神聖なプロジェクトが存在するという事を知って頂けたらと思います。

二〇一二年は神聖なプロジェクト、神聖な道の始まりの年です。二〇一三年、二〇一四年、二〇一五年と変化は更に大きくなります。

全てがネガティブではありません。社会や世界がネガティブなエネルギーを投影すればネガティブになり、ポジティブなエネルギーを投影すれば法則もポジティブに働くでしょう。

神々は決して誰も懲らしめる事はありません。あなた方自身が自分を懲らしめているのです。

以上です。もう二〇一二年です。法則の中を前に向かって進んでいくために、エゴを横に置き、ネガティブな考えを手放し、自らの想いを高めるべく一瞬一瞬をポジティブに生きて下さい。

啓示より――死点に入った地球人、私たちはどうするべきか

私達の住んでいる家は風の通り道で、ここ何年も突風や強い風音で悩まされていました。

ですが、二〇一二年四月頃より風の凪いだ日が多くなり、その変化について気になっていましたところ、次のようなメッセージがありました。

今日あなた方全員にとって、とても大切な情報があります。

地球は死点（機能しているが動いていないシフトの時点）に入りました。危険な領域（角度）です。

地球がその危険な磁気フィールドから脱出できたならば、地球は変化します。

目下地球は危険な状態にあります。地軸と太陽の軸との関係が非常に微妙で複雑な軌道に入ったからです。

*

もちろんこの状況から脱する術はあるでしょう。

ですから地球はあるところでは非常に荒れて、あるところでは非常に穏やかになっています。

また、世界の様々なところで地震活動、不可解な地割れなど、地球の動きにより起こる現象があります。人の目には不思議な現象も多々あるでしょうが、これも変化の結果です。

これは地球の救済活動の一環です。

地球は死点にあります。それは地球に存在する全てのものが問題なく進んでいけるように、新しい地球、新しい法則を創造するため、地球を変容させていく神聖なプロジェクトに基づいたものです。

地球も人類も物質として非常に重要な時期、死点、シフト（移行）の時点に置かれています。

物理的レベルだけでなく、エネルギー、波動、霊的レベルにおいて地球も非常に困難なプロセスに入っています。

二〇一二年はアセンションとデセンションが同時に始まりました。

地球にはプロジェクトがありますが、人のネガティブな想いがプロジェクトを困難にしています。

地球がこのプロジェクトを完了した時、地球はアセンションします。

あなた方も同じです。地球と共にアセンションを遂げていきます。

二〇一三年、そのプロジェクトは加速していきます。地球のアセンション、個人やグループのアセンションにおいて、良い悪いを含め多くの現象があるでしょう。

多くのメッセージの中でお伝えしてきましたように、物事はあなた方が思っているようにそんなにソフトには進んでいきません。

プロセスにおいて、人類がこのまま変わる事なく進んでいけば、大きな自然災害など様々な地球物理学的現象、経済、政治の大きな変化、戦争などがあるでしょう。

今、人類が現状を正しく把握し、意識を高め、エネルギーを高め、人類をはじめ生きとし生ける全てのものが、愛、調和、平和の中で生きていく、新生地球を発見するための大きなチャンスの時です。

しかし、そのためには困難なプロセスを通らなければならないようです。

本格的なアセンションは二〇一〇年に始まり、毎年加速していきます。

人類はいつアセンションのプロセスにある事を理解するでしょうか。地球もあなた方と共にアセンションしたいのです。

地球や光の存在があなた方と共に機能するための鍵は、あなた方の中にあるのです。光の存在、光の船団は、あなた方がアクションを取った時に動きます。

もちろん地球が死点という状態にありながら何も起こっていないのは、光の船団によるものです。

彼らは磁力を使い地球を支えています。偉大な神々、コマンド、光の船団が地球が揺れないように、よりバランスの取れた軌道に従って進むように地球を支えています。

光の存在の働きにより、地球が崩壊したり、回復不可能な災害に見舞われたりするような事態が避けられています。それは外からの救助です。

光の船団は、地球や地球と同じような、もしくはそれ以上の、それ以下の状況にある他の惑星も、同じような形で助けています。

それが新しい未来に向かって光の存在が行っているプログラムです。

地球がこの死点から脱した時、あなた方も地球と共に法則の中を高みに向かって進み新生地球の条件をエンジョイする事ができるように、自分のエネルギーを高めるように一瞬一瞬を大切にして下さい。

二〇一三年は地球とあなた方一人一人の高まりにとって決定的な年となります。

今地球には、人類を浄化し、高め、力を与えるために大量のフォトンエネルギーが太陽を通して降り注がれています。

ある人は途中で倒れるかもしれません。ある人は更に元気になりエモーションを膨らませて進み続けていくでしょう。

前に向かって進んでいく事ができなければ、自分の霊的状態に応じた世界へ、自分のエネルギーを浄化する事ができるような複雑で困難な世界へと引き上げられていくでしょう。

あなた方は誰もそのような世界には興味ないでしょう？　ですから日々、常に自分の内側が調和し良いエネルギーで振動するように心がけて下さい。

前に向かって進んでいくために一番大切な事です。

天空からの光のマスターたちによる人類の救出活動の一端

地球の兄弟たちよ、霊的世界、即ちエネルギーの世界は目が回るような速さで変化していますが、その事にあなた方は気づいていません。

人類社会のシステムは、あなた方が意識、無意識的にこの変化の速さに気づく事を妨げています。

あなた方の唯物的な社会システムは、地球に降り注いでいるこのエネルギー、宇宙のマスターたちから送られてくるフォトンエネルギーをはじめとするコスミックエネルギーに気づく能力を失わせています。

特にあなた方日本人は神聖な人としての本質を失ってしまいました。

今やあなた方は神本質から離れてしまい孤児となっています。

自分たちの生き方、唯物的なテクノロジーにより宇宙の父も母も見失った状態にあります。

あなた方の作り上げた社会システムは宇宙の法則に即したものではありません。

あなた方の社会制度の下では、地位と権力のある者たちが自分より力のない者たちを操り続けています。

あなた方はいつも「仕方がない、仕方がない」と言っています。

いつも「しょうがない、しょうがない」と言っています。

この二つの言葉は霊的自由を求めない国民の無責任さから来るものです。

政治や権力により命令されコントロールされている事に満足しているのです。このまま霊的意識を開く事をしなければ、神の光と繋がる事はありません。

偉大なマスターたちは光の船であるマカバに乗り、地球を闇の勢力から救うために地球を周回しています。

地球を攻撃しようとする全ての勢力からできる限り人類を守り、アセンションに導こうと活動しています。

地上を見下ろしている無数の光の船団やマスターたちがいます。

沢山のマスターが地球が間違った方向に進まないようにと全力で取り組んでいます。

人類が魂の自由を目指しながら一つ一つのステップを乗り越えアセンションのプロセスを進んでいくのを助けていますが、そういったマスターたちの愛に、誰が値するのか値しないのか見ています。

人類は、権力、金、血をめぐり、憎み合ったり戦争を起こしたりしています。

人類は更に困難で複雑な状態を求めています。

それにもかかわらず光の存在たちは人類を支援し続けています。

光の船団に乗ってコマンドなど多くの光の存在が、地球の状況が暴走しアヌンナキ、イルミナティなどのネガティブ勢力のわなに陥る事がないように見張っています。

これは光の勢力たちの仕事です。彼らは全地球レベルで動いています。

地球だけでなく、太陽系全体及び地球に類似した数々の惑星が、闇の勢力の手に落ちる事がないように監視しています。

しかし、意識を開かなくてはその光の存在たちからの恩恵を直接受ける事はできません。

偉大なマスターたちは光の船団からあなた方一人一人を観察しています。誰がアセンションできるのか、誰が救済されるべきかと。

それはあなた方が放つ光の波動次第です。

何も放っていない人が沢山います。カルマ、トラウマ、正しい神々を装う存在が操るコントロールマトリックス（支配体制）により地球に縛られて生きています。

もはや何の意味も持たない宗教、政治、社会のシステムに頭を下げ、自分たちを支配してきたコントロールマトリックスから自由になろうとしていません。

兄弟よ、よく見て下さい。社会や経済のシステムは人類全体の幸福に反して進んでいます。それは、一握りの金持ちが貧民の上に立つシステムを確立する事により、人類を支配しようとしている闇の勢力によるものです。

貧民が持っているわずかなものまでも奪おうとして苦しめています。それが地球に存在する闇のコントロールです。彼らは弱小国をいじめるためにできるだけの事をするでしょう。

あなた方はヨーロッパ、アメリカ、日本、アフリカ、アジアで起こっている悲惨な現状を政府の責任であるかのように言っています。しかし責任は、政府というよりそれらの国々が従っている悪の組織にあるのです。

そこには、表向きは貧民の救済や地球のアンバランスを是正するために協力している大組織も含まれます。様々な事をしようと膨大な資金調達を考えていますが、実際は何も行っていません。

トップは自分のポケットマネーをますます膨らませ、実際に動いているのはボランティアで頑張っている一番下にいる人たちです。それが地球の現実です。

天空のマスターたちは、そういった人類の状況とは関係なく働き続けています。

マスターたちが人類に対して抱いている無条件の愛を見て下さい。

神の愛とはどんなものか考えて下さい。

代償に何も求めてはいません。ただあなた方に与えて与えて与えるだけです。

何百万何千万、何億年もの間、地球を始め太陽系の全ての惑星が崩壊する事がないように支え続けてきたのです。

しかし、地球の文明は常に破滅や混沌へと進んできました。それでもマスターたちは、地球がネガティブ勢力の手に落ちる事がないように、休まず働き続けています。

地球では、中南米やエジプトがピラミッドを建設するために選択されました。

それは宇宙の神々が降り立ち地球や人類に力を与え、高い霊性を備えた人類が高度な文明を建設し、地球を高めるためでした。

しかし、そういった神々の多くが間違いを犯しました。神々自身が人のエゴや権力への欲望に感化され、人と同じレベルで考えるようになったからです。

光の文明が人のエゴに基づいた思考をコントロールできなくなった時、信仰を誤り、調和を失うのです。

このような事が世界中のいたるところで起こりました。

そのため、そこにいた民族は次元間世界へ、内部地球へと引き上げられたのです。現在、マヤ、アステカ、インカなどの民族も霊的世界に存在しています。

地上において彼らの文明は終止符を打ちましたが、内部地球や地球上空の多次元世界には当時のマスターたちが存在し、あなた方の世界が変わるように力を貸しています。

兄弟よ、あなた方はこれほど恵まれた霊的環境にありながら、目を覚ましアセンションに向かわなくてはならない事に気づかないでいるのです。

巨大なフォトンベルトが地球に降り立ち、動物、植物の生態系、あなた方の生活に影響を与え始めています。それは進化のための変化です。

しかし、あなた方は地球の破壊を続けています。神聖で素晴らしいエネルギーを受け取りながら母なる地球を壊し続けていけば、どんな将来があなた方を待っているのでしょうか。

宇宙はあなた方に愛を与え続けています。あなた方はその愛を軽んじ、エゴと不当さでお返ししています。

兄弟よ、今あなた方は内なる浄化のプロセスに入ろうとしています。

あなた方の多くはネガティブもしくはポジティブな過去世を再体験するでしょう。

ポジティブに考え努力する人はポジティブな部分が表面に現れ、自己の本質的な光の意識と繋がり、霊性に目覚め、アセンションの道を進み続けていく事でしょう。

そうでない人たちは、今どんな時空の中にいるのか気づくためにネガティブな部分が目覚め始めるでしょう。

現在ダイヤモンドエネルギーやフォトンエネルギーが
降り注いでくる非常に重要なプロセスの中にあります。
あなた方が物の世界の夢と
その奴隷である事から目を覚まし
アセンションに向かうためには、
まず四次元の世界に向けて
あなた方の体を変化させていかなくてはならないのです。

解決方法は自助努力する事です。

自分で努力しない人はこの段階を乗り越える事はできないでしょう。病気になったり自分自身に対して不満を抱くようになるでしょう。

多くの人が健康に気遣う事もなく添加物をせっせと飲食し、遊びや娯楽を唯一の楽しみとしています。社会を批判しますが自分では何もしていません。

それが、今の社会の現状です。

天空のマスターたちは、地球を変えるために動く人を望んでいます。

彼らは人類が新たな周波数の世界に向かって進んでいく事ができるよう、彼らのなすべき事を果たしていくでしょう。

以上です。光のマスターたちの使命のプロセスを少しでも理解して頂ければと思います。

光のマスターは光の船から、人類をコントロールするのではなく、人類が良いエネルギーをエンジョイし、闇の勢力の手に陥る事がないようにエネルギーをコントロールしています。

意識を高めるよう努力して下さい。そうすれば自然に光のヒエラルキーと繋がる事ができるようになります。

そのために自分の内側を見つめ、内なる神意識と繋がるべく努力して下さい。それができれば、これから起こるであろう事に対して決して恐れる必要はありません。

あなた方は光のマスターと共にあるからです。

東日本大震災——自然災害の理由とそれを回避するには

地球は心理、メンタル、感情、霊的に大きく変化しつつあります。地球上に住んでいるあなた方も、地球の心理、メンタル、感情、霊的アセンションについていかなければなりません。

地球にも感情があります。地球にもあなた方と同様、心理的、感情的側面があります。

なぜなら、地球は多くの神々、自然界のスピリット、デヴァにより構成されたエネルギーの本質を備えているからです。

今まで人類を支えてきた存在の全ての意識や感情を内包しているからです。

それが地球の意識であり、地球の心理、感情的側面です。

母なる地球には、あなた方の地球での転生全てが記録されています。

あなた方は日常生活の中で、地球に記録されている過去の様々な感情に、間接、直接的に触れています。

それらの記録はあなた方が住んでいる環境や地球の中にあり、未浄化のまま存在しているものも沢山あります。

そして、あなた方が日常生み出すネガティブエネルギーは、地球の記録をますます汚れた重たいものにしています。そのため、地球は掃除にとりかかる事を余儀なく強いられているのです。


人類は、いわゆる石器時代から今日まで様々な文明を築いてきました。

先史時代の人類は、自然と自然の法則に従って生きていました。

次の文明の担い手であるインディオ、アボリジニと言われている先住民族たちは、大自然の法則に従い、神々、デヴァ、オリシャー、エシュー（＊巻末語彙集参照）など自然界のスピリットと調和を取りながら、自然と共存していました。

人間が、他の人間よりも強くなりたいと思うようになるまで、昔の文明はそのように続いていました。

それから、人間達は地球のエネルギーを変化させ台無しにしてきたのです。

権力、名声、お金、性をめぐり、獣のように人間同士が殺しあう戦いの歴史が始まりました。

そして、ついには他人の物も手に入れたいと思うようになり、領土や権力をめぐり戦いをするようになり、そういった自分の野望のためなら兄弟、親など親族の命を取る事も平気でするようになりました。

そのようにして、戦いや理不尽さというものが常に文明の中につきまとうようになり、それは今日まで続いているのです。

そのような波動は地球に刻まれ二十一世紀の今日まで残っています。あなた方は、過去から現在まで人類がしてきた戦争、野蛮な行為や想いの波動で汚れた地球、自然を破壊した者達の想いが残る地球、傷ついた地球を受け継いでいます。

人類の霊的、物質的サポートをするため地球を守ってきたデヴァ、エシュー、オリシャーなど、自然界のスピリットたちを抹殺する行為をした者達の想いでしみついた地球です。

最近地球上では、あまり良くない事が起こっています。なぜなら、悪い事をしている人たちが、良い事をしている人よりはるかに増えているからです。

だから地球の浄化が始まったのです。

浄化は人類を一掃するためにあるわけではありません。人類が今まで母なる地球に対して行ってきた汚れを一掃するためです。

あなた方が間違っていた事に気づき、無条件の愛の中、光の道を尊重し合って進むようになるまで掃除は続きます。

権力、お金、野望により地球を破壊しながら進んで行く時代ではありません。アセンションに向かいつつある重要な時の流れの中にありながら、人類は違った方向を向いています。あなた方は人を外見や心によって判断しています。それでは神々や光の存在はどのように人を見ているのでしょうか。

神々や光の存在は人類に対して沢山の愛を抱いています。人々や子供にいっぱいの愛情をもっています。

しかし、法則は法則です。神法則は人の作ったルールとは違います。

神法則は厳密に守らなければなりません。愛と同時に神聖な厳しさが存在します。

あなた方は、物に恵まれたり、奇跡があったり、何もかもうまくいったり、自分に都合の良い事があれば、神や法則を信じます。

しかし、法則があなた方に対して何かの理由で、警告をしたり、不都合な現象を起こしたりすれば、感謝する事ができません。

本来そのような時こそ、あなた方は法則を尊重する事を学ぶ時なのです。自分の間違いや足りないところに気づく時なのです。

法則を尊重し法則に沿って生きる事を学ぶ、それが大切です。

今回東日本大震災において、多くの罪なき人が逝ってしまったのは大変悲しい事です。

でも、あなた方は、なぜこんな事が起きたのか自らに問うてみたでしょうか。

それは人の想い、考え、行動により地球が汚れているからです。

一方、あなた方はアセンションを望んでいます。しかし、アセンションが存在するためには、地球と地球の住人が高まる必要があります。

あなた方はそのために自分で何かをする事なく、自分の高まりを自分の外の力に対してお願いしていますが、アセンションはそこにはありません。

アセンションは、あなた方各人の中にあります。**各人がアセンションしなければならない事を自覚しているならば、このような自然災害は起こらないはずです。**

この浄化が何を意味しているのか、理解している人は少ないようです。

あなた方は現象を余りにも物質的に捉えています。沿岸部で地震が起きた、津波が起こった、だから破壊されたものを再建すれば生活は元に戻ると。

あなた方は大自然の進みに対抗し、経済を優先し、再び原子力エネルギーが継続するように歩調を合わせようとしています。同じ間違いを繰り返そうとしています。

それでは自分の国に「巨大な墓地」を用意しているようなものです。

大自然の法則を理解し、あなた方の考え方、生き方を変えようとしなければ、地球はアセンションしたいのだと理解できるようになるまで、次の浄化、また次の浄化、更に次の浄化と、体験する事になります。

あなた方がアセンションしたくなくても、地球は自分のアセンションのプログラムを継続していくでしょう。

原子力エネルギーを維持し、それに経済を依存させていくというプログラムを続けていけば、いつか法則を前にして、「ごもっともです」と言う時が来るでしょう。

政治は衰退しています。今の政治には愛も心もないからです。

あなた方は国民として結束し、国民の事を真に考えて動く人を探すべきです。心の目を開いて下さい。この国の再建には長い年月が待っています。

必要なお金も膨大です。ストックされているお金はありますが、あなた方の官僚的な法律や古い制度のためにストップしたままです。

これから必要な事は将来を創造する事です。

どんな将来が彼らを待っているのか、仕事を提供する、給料を出す、彼らが社会の中で活動できる条件を作り出す事です。

国や人に頼って生きていく条件を継続しておく事ではありません。仕事を探したり起業するなどして社会の中で人として活躍できる条件を創造する事が重要です。

そして、生きていくためのビジョンを持てるようにする事です。そうでなければ、彼らの力を奪ってしまう事になります。

プレハブの家や政府や自治体に提供された家に住み続けているだけでは、未来がありません。社会に参加できるような未来を提供すべく、国全体で協力していく姿勢が求められます。

被災者の皆さんに聞いてみると良いでしょう。ほとんどの人が働きたい、社会で活動したいと望んでいる事が分かるでしょう。

ただ居場所を与えられるだけでは、スピリットをもつ人として、自分達が求めたものでない状況による従属感、コントロールされている感覚から抜け出せないでしょう。

これから浄化が起こる危険性は非常に大きいです。

あなた方が今回の自然浄化により学ぶ事なく、自分達のエネルギーや意識を高めていく事をしなければ、他の場所で、他の浄化があるでしょう。

それを避けるためにはあなた方の意識を上げ、霊性を高める事です。

どうして良い人たちに悪い事が起きるのだろう、と人々は言います。ですが法則にとって良いも悪いもありません。人は皆同じです。

愛がある時には愛があります。浄化がある時には浄化があります。皆同じ車に乗っています。その車から出るためには、自分ではい上がらなければなりません。はい上がれば同乗の車から出ていく事ができます。

それは、人を求めるのでなく、法則を求める事を意味します。法則を求めれば、守護が働きます。様々な形で守護が働き、危険を回避する事ができるようになります。

これは、良い人であるという事を意味しません。

また、良い人というのは霊的に高い人と言う意味でもありません。ですから、良い人でも十分な霊的サポートがなければ、カタストロフィーの中で亡くなる可能性があるでしょう。

しかし、その人が法則の世界と繋がっていれば、法則がその人を守り、何が起こってもその人は助かるでしょう。困難な状況にあったとしても、最後の瞬間において救いの霊的な手が差し伸べられるでしょう。

ギリギリのところで救われた人たちがいるのを見聞きしているでしょう。

それは死ぬ必要がなかったからです。手助けしてくれる霊的な力が働いたからです。

その人の力ではありません。このような大きなカタストロフィーに見舞われた時、人としてのあなた方の力は無に等しいものです。

自然界の力は巨大です。自然界の力と戦う事はできません。あなた方に霊的な支えがある時には、常に彼方の世界からの助けがあります。

それは幸運だったからではありません。法則の手が差し伸べられ、その人が生き続けていくためのチャンスを与えたのです。

人は、その差し伸べられた光の手によって前に向かって進み続けていけるようになったのだ、と感じる事が大切です。そして、他の人たちも、同じように前に向かって進んでいくのを助けなくてはならない、と考えるのが人です。

これが、奇跡的に助かった人と、助からなかった人との間にあった違いです。

人は、常に表面的な心を見ます。ですが法則の前には表面的な心は関係ありません。法則の前には皆同じです。

ですから、複雑な状況に巻き込まれないためには、意識や霊性を高めていれば常に浄化現象と時空を共有しないような力が働きます。これは、あなた方が他人以上であるという事ではありませんし、決してそのように考えてはいけません。

それは、神々や守護の存在の力によるものであり、最も困難な時に命を助けてくれるものによるものです。

時には悪い人も助けます。その人は今の社会の中では悪い人かもしれません。でもその人が今までの過去世で多くの美徳を積んできたならば、そのおかげで命が助かる事もあるのです。

守護霊、ご先祖、神々、オリシャー、エシューが命を助けたのです。

あなた方は表面的な所だけを見て、「この人があの人の代わりに助かれば良かったのに」と思うかもしれません。それは物事を物質的な側面だけで判断し、法則のレベルで見ていないからです。

これからも更に地球浄化のプロセスは続くでしょう。

そのプロセスの中で、法則の世界、光の世界と繋がるとは何を意味するか知って頂ければと思います。

世界中で話題となった二〇一二年の本当の意味
——地球のアセンション、人類の救済活動

こんにちは、地球の兄弟よ、今日も皆さんにとって良き日であるようにと望んでいます。

あなた方人類は今変化の真っ只中にあり、そして「人類の救済活動」という大変重要な時期に入りつつあります。

しかし、あなた方は救済活動のための準備を進めていません。救済活動を理解するには人類はあまりにも未熟な状態です。

偉大な光の存在たちの下、膨大な数の光の船団が、人類の救済に向けて機能し始めています。人類を過去のエネルギー、ネガティブなエネルギーやネガティブな勢力から救出し、次元上昇（アセンション）するのを助けるためです。

二〇一二年は全人類の救済にとって鍵となる年です。

救済活動は、国、経済、お金、政治などとは一切無関係です。エネルギーレベルであなた方個人、人類全体と関係します。

しかし、あなた方は天や神法則が要求しているものからまだほど遠い所にいます。

世界の状況は、複雑で困難な大変化へと向かうでしょう。

世界経済においても、二〇一二年以降、今までと同じシステム、同じプログラムでコントロールし続ける事は難しくなっていくでしょう。

日本経済も少しずつ土台が崩れていくでしょう。

なぜならアイデア、ビジョン、無条件の愛に欠けているからです。精神を上げる事なくただ数字だけを考えていては何の役にも立ちません。大企業は金融問題を抱えるようになるでしょう。

その他、地震、火山の噴火、更なる戦争、不調和を拡大するだけの実りのない解放運動があるでしょう。

あなた方の国では一つもしくは幾つかの大きな火山噴火があり、その周辺の集落や街を脅かしたり崩壊に繋がる可能性があります。

原子力エネルギーに関しては打開策を取らなければ、いつか日本全体が住めなくなる可能性があります。住む場所がなくなるという事です。

プレートがずれ大地震が起こったり大きな火山噴火があれば、多くの原子力発電所は爆発の危険があります。

これらが、現時点であなた方が法則の中を進んでいくために描いているシナリオです。

一方、人類を助けるために地球に来ている光の存在たちのチームは機能し始めています。

もちろん、そのような光の船団と繋がり光の船の中に入るには、あなた方サイドの積極的な働きが必要です。

それら光の船団の目的は二〇一二年以降順次起こってくる様々な災害やカタストロフィーから人類を救う事にあります。

光の存在の助けに値する光の道を選択するかどうかは、あなた方の意識、精神次第です。

そのためには、あなた方の唯物的なテクノロジーを放棄しなくてはなりません。

唯物的テクノロジーは、アセンション、人類救済を妨げています。

それは全人類の幸福に向けた高い精神に支えられているものではなく、物の消費経済に支えられているものだからです。

光の存在たちが全力を尽くしていても、あなた方人類がそっぽを向いていれば、そのおいしい果実、即ち前に向かって進み続けて行くために自分のエネルギーを高めるのに役立つ素晴らしい光を受け取る事はできません。

二〇一二年は地球のアセンションと人類の救済活動に深く関わりのある年です。

あなた方人類は戦争ばかり起こし、経済も悪化し、政府は空っぽの懐《ふところ》から意味のない所にお金をつぎ込み続けていますが、経済は事実上破綻している希望のない現状に気づくでしょう。

人類はビジョンを持っていません。自己中心的なビジョンをもとに強国が弱小国を支配し、エゴの上に更なるエゴを積み重ねています。

このような状態で、自分の利益だけを考えているこういった人々や国に対して、人類の救済がもたらされると考えられるでしょうか。

あなた方の国、日本は技術力の低下、国民の精神的弱体化による経済の悪化という大きな衝撃を受けるでしょう。また国内の都道府県の間でも考え方が異なり、様々な問題が起こるようになるでしょう。

人の命を危険にさらし、経済、お金、権力、名声を求める人たちがいる一方、法則に従い安らぎや平和な生活を求める人たちもいます。この戦いは続くでしょう。

あなた方がテクノロジーと引き換えに、神々のゆりかごであるこの美しい国を汚染し続けていけば、神々は次々とあなた方を見捨てて立ち去っていきます。

あなた方の霊的理解力の欠如、隣人を愛する心の欠如から全ては起こっているのです。これから厳しい時の進みとなるでしょう。地殻変動のプロセスも始まりつつあります。難しい変化の時です。

あなた方が目を開き法則を見ていないから難しくなるのです。

状況や人を批判したりコメントしたりする人は沢山います。でも自分を変えようとしません。

社会が変化するためには、あなた方自身が変わらなくてはなりません。

まず、自分の内側に目をやり、内観する事です。そうすれば、社会が変わるようにあなた方は協力している事になります。社会が変わるために良い事をしている事になります。

自分が変わらないのに人が変わるのを求めない事です。

自分が望むように、法則（光の世界）が社会や人を変えてくれるように求めない事です。

人の欠点や足りないところを見る必要はありません。自分自身を見て下さい。これから先、自分達に何ができるのか考えて下さい。

あなた方は政治が悪い、政治家は原子力発電所が好きだ、税金を上げる事だけを考えているとコメントしますが、自分がその立場に立たされたら何をするでしょうか。

カーテンの後ろで話すのは簡単です。でも舞台に立たされた時、見方は変わるでしょう。

社会を変えようと考える前に、まずあなた方が自分のエネルギーや考え方を変えなくてはなりません。

自分を変える努力をしないで批判するのは簡単です。しかし、建設的な批判をするのは難しいのです。

人が間違っていると言うのは容易です。変化のためのアイデアを持つ事は難しいのです。

今、救済活動が始まったのです。法則に従って生きている人ばかりでなく、それを望まない人たちにも向けられています。

人類は前に向かって進みたい人と、進みたくない人の二つのグループに分かれ始めています。ですから、一日一日、常に意識、霊性を高める事に力を注いで下さい。

神々、トロナード、コロナード、アシュター・シェランやショントルなどのコマンドの光の船団が行う救済活動の対象として進んでいけるように自己準備して下さい。

混沌としている現在の経済、政治的状況は忘れて下さい。あなた方がいくら考えようと、いくら批判しようと変わらないでしょう。

それは法則のみが変える事ができるでしょう。どのような形かは分かりませんが。

救済活動は意識の高まりを要求します。

人体はフォトンベルトの影響、地球の磁場、周波数防御壁の影響を受け始めています。あなた方の精神、思考、肉体、エネルギー体がこれらによって影響されています。

全てクリーニングのプロセス、意識の高まりのプロセス、霊的上昇のプロセスです。

神々、光のヒエラルキーが、人を懲らしめる事は決してありません。人類が自分で自分を懲らしめているのです。

人類が決断し道を選ぶのです。光に向かって進まなければ、苦しみに向かって進むのです。

人類は常により困難な道を選択しています。あなた方には沢山の選択肢がありますが、常に都合の良い道を選択しようとします。

しかし、都合の良い道は最も困難な道でもあります。あなた方にとって都合の良い道は近道かもしれませんが、法則、即ち光の道にとっては最も長い道です。

法則の中を進むにあたり、人類のエゴ、社会のエゴにより、あなた方は難しく複雑な道を選んで進んでいきます。この事を理解して頂けたらと思います。

あなた方は常に、問題の存在していないところに問題を探しています。人類は実在していない問題を作り出すエキスパートです。

プライベートにおいても同じです。前に向かって進むにあたり、平和、調和、希望のあるところに、あえて苦しみを求めています。大きな問題です。

苦しみは多くの場合、ある状況を乗り越えていくためのエネルギーであると理解すれば、問題から脱出できるでしょう。

しかし、苦しみは自分の妨げとなるものだと、私はカルマ、トラウマがあるから苦しまなくてはならないのだと、だから人生がうまくいかないのだと思っているなら、それは存在していない状況を正当化して苦しみ続けているのです。苦しみと同じエネルギーを探している事になります。

しかし、苦しみを横に置き、光の法則を求め意識を上げていけば、苦しみのエネルギーとは次第に縁が切れるでしょう。

今はあなた方のエネルギーを変え、意識、霊的に高まり続けながら、前に向かって進んでいく重要な時期です。

二〇一二年以降、地球のグローバルな変化が始まります。気候の変化、地形的変化、世界経済の変化、人類の心理、精神、霊的変化など、地球レベル、国レベル、地域レベル、個人的レベル、いかなるレベルにおいても大きな変化が始まります。

大火山の噴火、大地震。あなた方が変わらない限り、法則の中を前に向かって進み続ける事は難しくなるでしょう。

物事はあなた方が信じているほど簡単ではありません。

この変化の中を前に向かって進み続けていくためには、自分の心の中に天国を探し求めなくてはなりません。

常に光を見続け、闇がある事は忘れて、意識を上げながら前に向かって進み続けて下さい。

たとえ横で何が起ころうとも、仲間や隣人に何が起ころうとも、常に前に向かって進み続けて下さい。

時間を無駄にする事なく、常に法則の中を進み続けて下さい。

あなた方が光の道を進み続ければ、間違いなく救済チームはあなた方のところに来て、法則の中を進んでいけるよう道が開くのを助けてくれる事でしょう。

法則とは、光とは、神々とは

収穫を得るためには、まず種をまかなくてはなりません。

アセンションの道は長いものです。とても長いものです。

アセンションは今すぐではありません。物中心の世界はすぐには終わりません。ゆっくりとした、しかし大変化のプロセスがあります。

プロセスがゆっくりしているため多くの人は目覚めません。プロセスが速ければ、社会は急激に変化し経済は崩壊するでしょう。突然カタストロフィーがあり、突然人々が亡くなるでしょう。

それでは破壊となりパニックとなります。それはアセンションと呼べないでしょう。ハルマゲドンになります。

あなた方は大津波や宇宙人からの攻撃を映画で見た事があるでしょう？　そのようなもので

あれば、アセンションという言葉は何か意味を持つでしょうか。光の存在が人類に対して懸命にしている活動は意味を持つでしょうか。

ノーです。それでは意味がなくなります。

どんな事にもプロセスが必要です。時間が必要です。あなた方もそうです。あなた方が変わるには時間が必要です。物質的時間、即ち三次元的時間が必要です。その時間があなた方の本質、人類の本質、地球の本質に対して浄化を起こし、変化、変容に導きます。

世界を見て下さい。あなた方もご存じの通り、チュニジア、エジプト、リビアなど世界中で沢山の解放運動がありました。ファシスト政権が退いた後、いわゆる民主的な政府に変わりました。

しかし、政治、経済、日常生活において人々にとって基本的な変化があったでしょうか？

ノーです。庶民にとって何の変化もありませんでした。

それは、復権運動において方法が間違っている事を意味します。

人類は政権打倒を目指してデモをするのにインターネットやケータイを利用しています。ある意味では悪い事ではありません。しかし、急激な社会変化、暴力を引き起こし、結果として混乱、パニック、秩序の崩壊をもたらします。

人は常に急激な変化を求めます。時間をかけて、という事をしません。

人類が皆アセンションに向けて動いている
と夢見ることなく、
各人が本当の自己責任というものを果たして下さい。
これが本物のアセンションです。

しかし、アセンションのプロセスに参加する全ての神々や光の存在は反対です。変化、変容、高まりを通してアセンションが存在します。即ち下準備が必要です。一方、人類はメンタル、心理、霊的側面において社会の急激な変化に対する準備ができていません。

そのため、政府はファシストからファシストへと変わるだけです。名前や政党が変わるだけで何も変わりません。

地球で何か進化したでしょうか。何も進化していません。暴力は続き、大衆は職、新しい法律、社会の変化を求めていますが、何も変わりません。

人類は条件を求めるに当たり、誤った方法でアクセスするから変わらないのです。常に暴力があり、時間をかけて穏やかな形で自分たちの理想的な条件を求めていこうとしません。ですからうまくいかないのです。あなた方も同じです。

いつか収穫するために種まきをします。一方、人がこうするからうまくいく、だから自分もうまくいくためにそうしなければならないと、いつも自分と人を比較しています。

それは自分の顔、物事を行う自分のやり方、自分の霊的アイデンティティを持っていないので、人が考えるようにしようとするのです。

ある意味ではあなた方は光の事を考えています。でも結局、人と同じように進もうとします。

それは間違いです。あなた方は法則に沿って進んでいかなくてはなりません。誰とも比較するべきではありません。

自分を人と比較する瞬間から人と同じ事をしている事になります。それではあなた方の霊的ワークの意味がなくなります。

それには深さが存在しないからです。それのどこに法則があるのでしょうか。

法則はあなた方一人一人の中の最も内側、その深みに存在しているのです。

人を光の道に導くという事は難しい事だと理解しなくてはなりません。

心を開きたくない人の心をつかもうとしないで下さい。

意志のない人の意志をつかもうとする事に時間をさかないで下さい。

前に向かって進みたくない人の心を喜ばせる事に時間を使わないで下さい。

光の中を進み続けていく事は、時には感情的に冷たいように見えるかもしれません。

でもそうではありません。人を導くにあたり、あなた方は余りにも心を使い過ぎます。心を見せ過ぎたり、心を使い過ぎたりすると失敗します。

それ以上考える事なく、光の道を貫き、人を尊重しながら法則と共に進む時、道は更に容易になります。光の深さを求めていくのが光の奉仕者として進んでいく上で正しい道です。深さです。表面ではありません。

なぜ霊性を求める人の多くが途中で落ちていくのでしょうか。

それは物に恵まれていて手を伸ばせば全てが届くところにあるので、スピリチュアリズム、即ち法則を追求し始めたところで落ちてしまうのです。

あなた方の国の唯物的志向は、あなた方のスピリチュアリズムを崩壊させるという深刻な問題を作り出していきます。

多くの人はスピリチュアリズムを軽い気持ちで求めています。

法則とは何を意味するのか、光とは何を意味するのか、神々とは何を意味するのか、肉体と霊体をもって生きる事は何を意味するのか、見ようとした事がありません。

また自らを反省した事もありません。なぜなら、自分を取り囲んでいる物が輝いて見えるので、自分を見つめる事をやめてしまったからです。

歯止めのかからない消費経済により人は物をダイヤモンドのように見ています。そのため物に目がふさがれ、真剣に自分の内側、真実の法則を見つけようとする力を失うのです。

神法則はそのようなものではありません。

神法則にとってダイヤモンドは光であり法則です。

常に言いますが、物の世界から離れるように言っているわけでは決してありません。物の世界が悪いと言っているのではありません。物をどのように使うかによります。

物は地球での生活のベースとして、前に向かって進んでいくために必要です。私たちが常に触れるのは、自分にとって不必要な物の世界についてです。

ですから、自分の想いを強化し、他の人に影響される事なく、自分の信念を貫くために、可能な限りを尽くして下さい。

信念は、間違う事なく前に向かって進んでいくために必要なものです。

何が起こっても光を信じる事、何が起こっても神々を信じる事、何が起こっても自分のガイドを信じる事、霊的構造はどんどん変化していると信じる事です。

ノストラダムスの予言とハルマゲドンの真実

今日はあなた方に対して重要なお伝えをするために担当の存在と繋がろうとしているのですが、干渉があってかなり難しい中試みています。

あなた方の心とメンタルを開いてよく聞いて下さい。法則について基本的な知識です。

時は進み続けています。神プロジェクトも進み続けています。地球の救済も進んでいます。地球もクオンタムシフトに向けて進んでいます。ポールシフトも継続しています。

ノストラダムスが何世紀か昔、一九九九年に地球が終わるというメッセージを残しました。間違ってはいません。彼は自分のメンターから啓示を受けたり、神々の世界を旅していました。彼には神々の世界とのアクセスがありました。

しかし状況を決めるのは神々です。人ではありません。

ノストラダムスは人です。科学者であり、思想家でもあったノストラダムスは、自分の光のガイドや高い光のヒエラルキーと繋がっていました。

でもノストラダムスは神ではありません。地球に生きている存在には何が起こるか、地球の終末やハルマゲドンといった事を言い当てる事はできません。

それを決めるのは神々だからです。あなた方が決して到達できない至高の意志です。地球の終末についても決めるのは至高の意志です。

人類には世界がいつ終わるとかを知ったり予知する能力はありません。彼のコンセプトや理論は正しかったのですが、天意がどこにあるのか、神々、至高の意志は何なのかまで分からなかったのです。

そこで人は間違えるのです。自分のエゴで解釈し、世界が終わる、ハルマゲドンが起こるとか言ったりするのです。

今、同じ事が起こっています。啓示を受け取る多くの人々、特に宗教家の中にはハルマゲドンがあるとか、地球に隕石や惑星が衝突し地球が粉々になるとか言ったりしている人もあります。

そのような事は神聖な物理学にとって可能ではありません。人間の物理学にとっては可能です。

ですが神聖な量子物理学にとって不可能です。コスモスではあなた方もご存じのように、全てが調和という神聖な量子物理学に従って動いているからです。

誰もその調和を崩す事はできません。人類がカタストロフィーが来る、ハルマゲドンが来るなどと言ってその調和を崩そうとしてもそれは人の意識であって、天意でも天意に従って動いている神々の意識でもありません。

神意識は一つです。神意識とは沢山の高き神々の集合意識の事です。

至高の意志がそのような事を許せば全ては崩壊し、文明は終わります。しかし、人類が終わるのは至高の意志ではありません。

前にもコメントした事がありますが、地球は太陽系に属する惑星の一つです。

しかし太陽系の彼方にはもっと沢山の惑星や恒星が存在します。あなた方には想像もつかないでしょうが存在します。

天意というのも存在しています。至高の意志がそれらの惑星や恒星にも存在しています。もし地球が爆発すれば、それらの惑星などにも影響を与える事になります。宇宙は調和だからです。

宇宙には肉眼で見える惑星も見えない惑星もあり、宇宙はそれら一切の調和です。**即ち宇宙は神意識です。**

宇宙の中で動くものは全て神意識です。地球の一つの石ころも神意識です。火星の一つの石も神意識です。冥王星の一つの石も神意識です。ベテルギウスの一つの石も神意識です。全てが神意識です。

では誰がコスモスで何が起こるのか言い当てる事ができるのでしょうか。

誰もできません。神々だけです。

至高の意志、高き神々、神意識のみが知っています。至高の意志は地球を終わりにするなどと思ってはいません。これから起ころうとしている事は地球の救済です。

地球の救済とは何を意味するのでしょうか。二〇一二年一〇月から地球の救済活動が始まり、大きな波動変化、周波数的変化があるでしょう。

あなた方の多くは自分のモナドや宇宙に点在する神聖な粒子（他の自分の意識）と繋がり始め

るでしょう。

具体的には宇宙テータとネバドン（＊巻末語彙集参照）に存在する他の自分の数々の意識です。あなた方の多くは自らの内側が働き始め、少しずつ霊性を培っていくようになります。少しずつ自分のエネルギーと取り組んでいくようになります。

それは、何かをしなくてはならないと気づき始める人が増えてくる事を意味します。

何か変わっている、法則が変わっている、私もそれに従って変わらなければならない、自分たちのために何か行動しなくてはならない、少しでも地球が良くなるように何かしなくてはならない、そういった人たちが日本でも世界でも動き始めています。

マヤの存在たちがこれから二六〇〇〇年の周期をもつ新しいカレンダーが始まろうとしていると伝えてきました。

マヤ暦は神聖なるサイクルです。マヤ族が作り出した暦ではなく、神々から受け取った暦です。

彼らは知性も霊的にも高い存在としてマップの形でカレンダーを描き人類に残したのです。彼らはマップを通して神々から天意を受けとったのです。

その二六〇〇〇年というのは、一つのサイクルが終わり新たなサイクルが始まる事を意味します。今から始まるサイクルは全く異なるものです。

それは救済活動であり、クォンタムシフトであり、特に分離を意味します。

多くの人が歯止めの利かない物の消費の世界に生きています。現実の問題から逃避するために物の世界に埋没し、法則から遠いところにいます。お金と物で、日々便利で楽しく生きる事しか考えていません。

一方、自分の心を楽にするために宗教を探す人もいます。また、肉体的修養、エネルギーワーク、瞑想、宗教本などを通して真剣に神を探し求めている人もいます。

救済活動は人類一人一人と関わっています。救済活動とは、神々があなた方に高まるチャンスを提供する事です。

そのチャンスは、地球ではすでに二〇一〇年から始まっています。そのチャンスはもう存在しているのです。

そのために大量のフォトンエネルギーが地球に降り注ぎ、あなた方のエネルギー、カルマ、トラウマなどを浄化するのを助けています。救済活動が行われる時、今までしてきた事、今までしなくてはならなかった事に気づく事になります。

法則はあなた方一人一人にダイレクトに触れます。あなた方の過去世、パラレルワールドに触れ、あなた方の肉体に結果が現れるようになります。（この点について、同書の『パラレルワールドと急死の増加の関係』で言及しています。）

人類救済とは人類を救済するためのオペレーションです。

そのプロセスで救済を求めない人はその波動の世界に居残る事になります。救われたくない人はその人の問題です。

プロジェクトは、人類が地球に生存し続けていく事ができるようにできるだけ多くの人を助ける事にあります。それが救済活動です。

では宇宙（コスモス）では何が起こっているのでしょうか。

宇宙では今ヘルクロボスといった巨大な船を準備しています。それは太古の昔の死にかけていた恒星です。アセンションのプロセスにおいて、アセンションに向かおうとしない魂やスピリットを吸い上げていく役割を果たすために力を回復しつつあります。ヘルクロボスはそういった魂やスピリットがそれぞれの想いのレベルにふさわしい学びの旅をするための体験場の一つとして用意されている船です。遠くない将来にヘルクロボスは地球に接近し人々を引き上げていく事になるでしょう。

星や惑星、彗星が接近し地球に衝突するのではありません。法則の中を前に向かって進んでいきたくない人たちを引き上げていきます。

自分が背負っているものと共振する惑星や星に連れていかれる事になるでしょう。今その準備を行っています。

その前にあなた方は自分のエネルギーを浄化し、救済活動に値する人となるために沢山のチャンスがあります。

ではここでインカ、マヤ、アステカといった高度なピラミッド文明について少し触れる事にしましょう。

彼らはあなた方の学びや気づきを促すために貴重な情報を沢山残し、光の世界へ引き上げていきました。あなた方がマチュピチュを訪ねてもそれは遺跡です。彼らはもうそこには存在しません。

彼らは内部地球の光のポータルに存在しています。

あなた方には彼らへのアクセスはありません。あなた方は物質的部分しか見ていないので、マチュピチュが存在する山の下のエネルギー的世界を知る事はできません。

そこに秘密があります。ですがあなた方が秘密を知ったならば全てを破壊してしまうでしょう。

メキシコなど中南米でピラミッドが存在する山々の次元間世界に彼らは存在しています。エジプトも同じです。

あなた方はミイラなどを発掘していますが、それらは死体であって、そういうものに焦点を当てていても重要なものは何も発見できません。危険ですらあります。

インカ、アステカ、マヤとかいった存在は、今行われつつある救済活動について知識があったようです。その来たる大変化について、後の人類が研究し理解してほしいという望みを託して文化遺産を残していきました。

二六〇〇〇年のサイクルの後に来る大変化を理解して下さい。

いつも言うように体やメンタル、意識を準備して下さい。

できるだけ早くクリーニングし、思いがけない時に引き上げられる事がないようにして下さい。

また自然の大災害もあるでしょう。次の救済活動（地球と人類のクリーニング及び人類の分離）において、地震、豪雨、大雨による地滑り、病気、特に頭、脊髄といった血液に関わるもの、DNAの汚染といった様々な問題が、二〇一二年、一〇月頃から始まるでしょう。

これらの情報はあなた方に目を覚まして頂きたいからお伝えするのです。

ファンタジーとして見るのではなく現実として捉えて下さい。

あなた方の消費社会では変な人が増えています。これからもっと増えるでしょう。

それに対して、とりわけ化学物質の薬では何もする事ができないでしょう。

他の次元で起こっている事だからです。

その段階を乗り越えていくためには、各人が自分の意識、自分のエネルギーを高めていくしか方法がありません。

この段階は難しいものではありません。変化です。

今日は救済活動について触れました。ハルマゲドンなどテレビで言っている事は意に介さないで下さい。そのようにはなりません。

人に恐怖を生み出しコントロールしたいと思う人類のエゴによるものです。

そして人の恐怖のエネルギーは、人類の救済活動や地球のアセンション、あなた方の霊的高まりを妨げようとしているネガティブ勢力の一番の好物です。

彼らはそのエネルギーにより滋養し、強化されていくのです。

ですから、一瞬一瞬、光の方を見て自分の想いを高めながら、光の存在として、神聖な存在として自分と取り組み、自らの道を進み続けて下さい。

二〇一四年、量子的大変化の始まり——霊界の変化、肉体の変化

二〇一四年の量子的大変化（クォンタムシフト）の始まりに備えて準備して下さい。

二〇一四年は、あなた方全員にとって非常に意味のある年となるでしょう。経済的にも地球レベルで大きく変化していく年でしょう。

それほど遠くない未来に、「人類の救済活動」を通して、物欲、権力、お金に取りつかれている人たちは他の惑星などに連れていかれる可能性があります。

人類の救済活動は全ての人にとって良いものばかりではありません。地球の上昇を妨げる人々や存在の浄化、地球の浄化も含まれます。

上昇の妨げとなる人々はそれぞれ相応の惑星や星に連れて行かれる事になるでしょう。

霊的世界はとてつもなく大きな変化を体験するでしょう。

今まで人類が長い間準じていた、三次元の物質界とアストラル界との間の輪廻の旅は終わろうとしています。

霊能者は今までのように霊的世界を把握する事ができなくなってきています。霊的法則が変化しているからです。

二十年、三十年、四十年前の霊的法則は終焉《しゅうえん》を告げつつあります。これから霊的世界は、更に高い神々や高き光の存在たちが指導する事になります。

今まで霊や妖精の話がありましたが、その世界も大きな変化を迎えています。

あなた方の現実物質界が変化しつつある中、霊的世界はもっと変わっていきます。霊の世界、今までの霊的世界は終わるという事を知らなければなりません。前に向かって進んでいかない霊はそこに残るでしょう。前に向かって進む霊たちは浄化を受けるか、それぞれの次元の世界へと行くでしょう。

霊的世界の変化のプロセスを理解する事が大切です。どんな形で亡くなろうとも、霊はそれぞれの世界へ行く事になるでしょう。それぞれの惑星、それぞれの星、それぞれの世界へと帰るのです。

この高次元エネルギーが降り注ぐ中、霊的世界の法則も変わり、肉体が無くなっても四十九日間は家族と過ごすという事もなくなるでしょう。

今まで悠久の歴史の中で繰り返されてきたように、この地球の隣り合わせの幽界にいる事はなくなります。

地球と宇宙を統治している法則が変わります。亡くなった人々はそれぞれの道を行くだけです。

ですから今までの風習もまもなく役に立たなくなるでしょう。

物質界が変わる前にまず霊的世界が変わります。宗教や霊能者が作った道や法は意味を持たなくなりつつあります。

大切なのは、あなた方が今生きて存在するこの世界です。霊でなく肉体を持って生きているあなた方が率先して行動を取り、進んでいく事です。

霊的世界では、神々や高き光の存在、オリシャー、聖人、聖者、高き先祖やエシューなどが働いています。

彼らがあなた方を支えているのです。彼らの役割は何なのか、知る事が大切です。

もし先祖がここに存在し続けるとしたら、それは、彼らが信じていた信念体系の世界に囚われ、存在しない世界に固執し続けているからです。

そういう呪縛や宗教などに縛られている信念体系の世界は、三・四、三・五、三・八もしくは四次元の世界に存在します。それは法則の世界とは異なる自らの作り出した幻影の世界です。

宇宙の無条件の愛の法則に従って進む霊は、そのような世界にいる必要はないのです。

霊的世界というのは、多くの場合、宗教家や霊能者が作り出した幻影の世界です。幻影の世界は、自分で作り出したホログラムの世界です。

ですから心理学者がそのような霊的世界は幻想に過ぎないと言うのも一理あります。

多くの人が神や天使、霊を見たと言います。でも実際はその人の記録が作り出したホログラムに過ぎないのかもしれません。もちろん全てのケースではありません。

一方、霊的世界を拒み心理学的哲学しか認めない心理学者も正しいとは言えません。

とにかく、これから霊的世界は大きく変化していきます。

あなた方がすべき事は、亡くなった人を云々というよりも、あなた方自身が法則の中を正しく生きていく事です。自分に正しく生きていく事です。

そして周りの人たちが法則から逸脱しないよう、正しく導く事ができるように成長していく事です。

法則が分からない人たちは何を求めているのかもよく分からず転々としているようですが、それではどこにもたどり着く事はできません。

浮き草のような生き方や考え方では社会における共同生活がうまくいかず、霊的世界の影響も受けやすくなり、ますますわけの分からないような生き方へと繋がります。

自分の不幸を他人や社会のせいにして進む事にもなります。

霊性に目を向けない限り、そのような人はこれからもっと増えるでしょう。

今起こりつつある急激な変化に、あなた方も少しずつ気づいているはずです。

温度が高い、熱だけではありません。エネルギーの周波数が上がっているのです。それは強烈なので次第に耐え切れない人が出てくるでしょう。

天気予報を見て下さい。自然界の法則がすごい勢いで変わっています。最近でこそエル・ニーニョ、ラ・ニーニャとか言わなくなってきましたが、新たな自然界の法則を発見できずにいます。

それを引き起こしている大元の法則、自らの内なる本質を見ようとする事がなければ、あなた方も進み続けていく事が次第に難しくなるでしょう。

人はその性質上、エネルギーレベルで自然現象と繋がっています。自分の肉体、精妙なエネルギー体に起こる変化に気づけば、外で何が起こっているか理解できるでしょう。

しかし、外のニュース、結果を追求する情報だけを見ていれば、自然界で起こりつつある変化の原因の世界が分からないでしょう。それにより、多くの問題に突き当たる事になるでしょう。

あなた方の肉体はこれから更に変化していきます。間違った生き方や生活習慣は、顔や体の皮膚にしみとなって現われ、教えてくれるでしょう。

これは病気ではありません。ストレスや内臓などの詰まり、汚れた血液によって現れる皮膚のしみは病気ではなく、何かを変えなくてはならないというメッセージです。

アトピー、アレルギーなどと言うでしょうが、それだけではありません。適切な生き方をしていないので体が教えてくれるのです。

自らの内側を見つめ、自らの霊性に注意して進んでいく事が大切です。

そうでないと体にしみやむくみが出やすくなるでしょう。体の中の水を通して教えようとするからです。それは、体液を通して頭、肺、手、足、関節などに反映します。

人々は法則を受け止めようとしない意識の危うさの中に立っています。

意識が法則を受容していかないと、頭、肺、おなか、関節などに水がたまりやすくなります。自らの神聖な本質に立ち返るように、と警告を発しているのです。

即ち、体に感情、精神、霊性、思考に応じて、ホルモン分泌系、即ち生体化学機能を通して、気づきの現象をあなた方に与えるでしょう。変化しているのだよ、と教えるためです。

気づく人は良いのですが、気づかない人は肉体的にも立ちゆかなくなる事もあるかもしれません。

新しい病気も、意識の進化に気をつけるようにという警告です。

また、特に化学物質や添加物を多く含む飲食物は、意識が欲しても体が受けつけなくなるでしょう。あなた方の体に良い食べ物を探す事です。

インスタントラーメンやインスタントカレーなど加工食品を摂取し続ければ、肉体がスポンジのようになっていきます。化学物質は体内でゼラチン状に変化していきます。それは何をもたらすでしょうか。

血液やホルモンの病気、ホルモンの極度な過不足です。

体内が化学物質で飽和し、肉体の自然調整や浄化のプロセスをスムーズに行う事ができなくなるからです。

細胞組織、腎臓、ホルモン系、血管、心臓など、どのようにそれらの化学物質を受け入れて良いのか分からなくなり、体がゼラチン状になっていきます。リンパ液の関係で水が溜まるのです。

化学物質が重過ぎて体液がうまく循環できなくなるからです。

心臓も太り、心臓の周りもゼラチン状のものが付着し圧迫を起こすようになります。

そして血管や頭を圧迫し、脳の機能にも影響を及ぼします。

そのような状態では、ネガティブな霊的影響もストレートに受けるようになります。

食べる物や生活のリズムの悪化、いつまで体が我慢するのでしょうか。これからの状況です。気をつけて下さい。

人類が困難な事態を避け、更に進化し続けていく事ができるように期待しています。

霊性、食生活、生活のリズム、睡眠時間を大切にして、内在する神意識、霊性回復に努めて下さい。

Ⅱ

あなたの意識の
もっと向こうにあるもの

本物の「スピリチュアリスト」とは

地球も人類も、心理、精神、感情、肉体、霊的レベルで大きな変化の中を進みつつあります。アセンションに向けて進むプロセスの中で、人類は体の質を高めるプロセスを通らなければなりません。これは何を意味するのでしょうか。

細胞の構造を変容させる事、過去の細胞のプログラムを現在のものへとアップデートさせる事、細胞、心理、感情、霊的エネルギーのプログラムの変容を意味します。

その変容に到達するためには何をしなくてはならないのでしょうか。

まず、**意識を上げる事です。**あなた方はしばしば、意識を上げる事とはどういう事かと質問します。簡単です。**論理的な意識を卒業し、更に高い意識、更に高い波動、次元の意識に到達する事です。**

どうやってそれを得る事ができるのでしょうか。

思考を変える事です。論理や理屈の世界から、意識、無意識（より精妙なレベルの意識界）に向かって進んでいく事です。

物事を他の形、他の波動フィールドから理解する事です。

あなた方が意識を上げていけば、今まで一つの見方しかできなかった事が、様々なプリズム、様々な角度、様々な形で理解できるようになります。

例えば、目の前に三角形があるとすると、論理的な頭では真正面から見た三角形しか見えません。

しかし、その人が意識を上げれば、三角形を真上から見る事ができ、三角形の全貌が分かるようになります。一つの狭いビジョンから、より高い意識、より深い意識界を包括した全体的なビジョンに向かいます。それが意識を上げるということです。

ちょうど山に登った時と同じです。山のふもとにいれば、肉眼が到達できる街の一部しか見えませんが、山に登れば街の全貌が見渡せるようになります。それが意識を上げるという事です。

意識を上げるには努力をする必要があります。

論理的思考を手放し、幅広く考えるように努める事です。

論理の中にも幅をもたせて考える事です。

想いの世界を広げていく事です。

それが意識を上げる事です。

その意識レベルまで到達できれば、今まで分からなかった法則というものが次第に理解できるようになります。

例えば、最近土砂崩れが多い、それに対する自然界のメッセージは何なのだろう、人類、個人、動物、環境の問題は何なのだろうと分かるようになります。

あなた方は物の世界に住んで、論理的部分だけを発展させてきました。一年、二年、十年、二十年経っても論理でしか考えていません。

一方、法則は変わりつつあります。それではあなた方は、変わりつつある法則に従って進んでいない事になり、霊的、意識的統合性を失う事になります。

それは時の流れに遅れる事になり、神法則に従って生きていない事になります。それは、意識向上や霊的向上のプロセスから遅れる事を意味します。

今この瞬間、意識を高める事は最も重要な課題です。

今どこにいるのか、どこを歩いているのか、どんなところを生きているのか、地球のアセンション、アセンションの法則、法則の変化に従って進んでいくためには、これから何をしなくてはならないのか。

あなた方が、意識を高めるとはどういう事か本当に理解できた時、直感が働き危険から回避できるようになります。物事をグローバルに、他の形、他のプリズムで見る事ができるようになるからです。

そうすれば、直感により、例えば自然災害、事故、病気、ネガティブな状況といったものを回避する事ができるようになります。あなた方の思考が、意識を高める事により広がったからです。

そうすれば、法則は意識の向上から霊性の向上に向けて道を開くため、あなた方に全ての情報を提供するようになるのです。

では、霊性の向上とは何を意味するのでしょうか。

多くの人は霊性の向上とは神をたたえる事、神を信じる事だと考えています。そんなものではは全くありません。

信心深い、宗教に従順である、神社へ参拝しに行く、そのようなものではありません。

あなた方が意識を高めた時、物事の全貌が見えるようになります。

その時、全てを動かしている法則の世界に繋がるのです。そこに霊性の高まりがあります。

しかし、あなた方は地上に住む人間だという事を忘れてはなりません。地球と宇宙の双方に根ざした上で、変化のプロセスを理解する事が求められます。

霊性の向上と宇宙の変化だけを理解しているだけでは、自分の周りに起こる事は理解できません。それでは、人はもちろん自分自身も助ける事もできなくなります。

本物の「スピリチュアリスト」とは宇宙と大地に根付き、人として社会の中を生き、同時に宇宙の法則に同化する事ができる人です。

それが霊性の向上です。

この繋がりを得る事ができた時に、神々や光の存在が働いている法則の世界と繋がる事ができるようになり、肉体を更にクリーンで軽い体へと変容していく事ができるようになります。

そうすれば、前に向かって進み続けていくにあたり、問題も少なくなるでしょう。

しかし、霊的完成に向かって進んでいく努力をする事なく、地球や法則を論理的思考によってのみ解釈していけば、現象、ファンタジー、娯楽、社会問題をその中に浸《つ》かりながら生きていく事になるでしょう。

時代も時期も変わりました。社会的ファンタジー、社会問題、官僚的社会だけを見続けていれば、社会的悪循環、地上のルールから抜け出せなくなります。

意識の高まり、霊性の向上は、そういった地上の重たいルールから抜け出し、アセンションの道を進み続けていくために重要な事です。

そうでなければ、アセンションの道へのアクセスは難しくなります。自然の法則、直感、神の叡智、神々や光の存在にアクセスする事はできません。

アセンションのプロセスを助けてくれる自分のガイドや光の存在との繋がりは直感力を高め、波動を上げながら進んでいくためにとても重要な要素です。

今年二〇一一年、あなた方皆が内なる光に繋がる重要な年となるように願っています。

あなた方の多くは物質社会の中で、心の中の光を弱めてしまいました。

内なる光を培わなければなりません。法則を求め、物中心的な生き方をやめ、法則の意思、全体性に従い生きていく事です。

全体性を手に入れる事ができれば、心に温かい灯火がともり、あなた方は間違う事なく光の道に戻る事ができ、光の存在として進み続けていく事ができるでしょう。

これは、意識向上を目指したい人、前に向かって進んでいきたい人、そういったあなた方全員へのメッセージです。

霊的なものは役に立たない、物の論理のみが役に立つと主張し、論理を求めながら進んでいく人は、その考えに従い進んでいけば良いのです。

以前幾度もお伝えしましたように人類は、分かれていきます。

物を求める人、半分物と半部霊的部分を求める人、法則の中に霊性を求める人の三つのグループです。

物と霊的部分を求める人は、どこかでステップアップしていく可能性があります。物質的ファンタジー、物質的論理、自分のエゴのみを追求する人は法則に繋がる事はないでしょう。

それは、彼らが亡くなるとか大変な目に遭うとかを意味しているわけではありません。各人の霊的内容によります。生き方、人生によります。

物中心主義だからといっても、全ての人が同じではありません。

太陽の秘密

今日はあなた方人類にとってとても重要なテーマ、太陽についてお伝えします。太陽は人類にとってかけがえのないものです。人類史の始まりから太陽は偉大な文化、文明のシンボルでした。人類は太陽を神として崇めていました。太陽を至高の光の源、非常に神秘的なものとして見ていました。人類の歴史を振り返ると、様々な文明や人類の意識の高まりにおいて、太陽は非常に重要な役割を果たしてきたのが分かります。太陽を通して、光の存在により偉大な文明やスピリチュアリズムが伝達されたからです。

しかし、多くの人は人類を導くために太陽が重要な役割を果たしてきた事を知りません。プレアデスのアルシオネやシリウスのアルファ・オメガについて知っている人は、全てが太陽から始まる、太陽はアルシオネやアルファ・オメガから来る神聖なエネルギーを中継している事を知っています。アルシオネとアルファ・オメガはセントラルサンとしてあなた方の太陽を統治している偉大な光のセンターです。

今ここでお話している太陽は物質的太陽ではなく霊的太陽の事です。あなた方が天空に肉眼で見る物質太陽の向こうに霊的部分が存在します。では、あなた方にとって物質太陽とは何でしょうか。それはエネルギーの源、命の源です。太陽なくして、地球に命が存在する事はありません。太陽に命のエッセンスや命を生かすもの全てが存在しています。太陽は滋養の元であり、エネルギーであり、力であり、霊性の源です。太陽のおかげで人類は生存し続ける事ができるのです。

今、太陽は今までとは違った道を選択しました。太陽を通してフォトンエネルギーが放射されています。太陽フレアの活動を通して地球にも大量のフォトンエネルギーが届けられています。これからも太陽フレアの活性化によりフォトンエネルギーが大量に放出されていくでしょう。

それは地球のシステムに影響を与え大きな変化をもたらす事を意味します。例えば天候、自然、人類の意識です。人類、個人の意識においてパラレルワールドを開いていきます。太陽はアセンションに向けての扉です。セントラルサンはあなた方の銀河の偉大な管理センターであり、これから太陽を通して地球においても指導的役割を果たしていきます。従って全てが太陽に左右されるようになります。全てが太陽活動、太陽フレア、太陽の意識に支配される事になるでしょう。

意識を高め、霊性を開き、アセンションへの道を目指したいと思っている人にとっては重要なところですからよく聞いて下さい。あなた方は太陽が放射するフォトンエネルギーに従って進んでいかなくてはなりません。地球は救済活動において重要な局面に入ったからです。太陽は地震も引き起こします。通信網にも影響を与えるでしょう。人の肉体、メンタル、霊的レベルでのアンバランスももたらすでしょう。地球はアセンションの道を進んでいるからです。このプロセスの中で、人類も次元をシフトする事を望んでいる偉大な光の存在や神々により、太陽は新たなエネルギーを創造するために重要な役割を果たしていきます。

この変化は多くの問題を人類にもたらします。とても多くの問題です。一方、人類は物質にしがみついて生き、神聖な部分、霊的な部分、意識の領域が存在する事を忘れています。人類が神聖な霊的エネルギーを忘れれば、肉体、メンタル、感情、霊的構造を変えるために必要なエネルギーを、肉体もエネルギー体（霊体）も受容する事ができません。それは自らのDNAの構造を変えるために不可欠な事です。近い将来に新たな時代、新たな変化を乗り越えていくためには、DNAはより強靱でより神意識に沿ったものに再構築されなくてはならないのです。

そのため太陽の変化のプロセスについていく事が求められます。よく聞いて下さい。新たな時代に進んでいくために大切な事は、自分のエネルギーや肉体を準備していく事です。その意味において太陽は、あなた方がアセンションの道を進んでいくためにリーダーシップを取っていくでしょう。これから人類が進んでいく道は、今まで人類が歩んできた道とは異なったものです。その道は、あなた方が考えもしなかった沢山の事に対する理解を促すようになるでしょう。

太陽は、太陽光線やフォトンエネルギーを通して地球に眠っていたエネルギーの扉を開き、今まで内部地球に閉ざされていた大きな秘密や神秘のベールをはずそうとしています。あなた方が意識を高めれば、地球に存在する秘密、光の文明に気づくでしょう。光の文明は、現代の科学や考古学では想像すらつかないものでしょうが、太古の昔から存在しているものです。そのエネルギーが新生地球に出現します。内部地球に存在するあなた方にとって未知なるもの、内部地球の多次元ポータルといったものが姿を現すようになります。

自分自身を知るだけでなく、地球の神秘、謎が分かるようになるかどうかは、霊性、意識の高まりを求める各人の日々の努力によります。霊的高まりによりあなた方が地球の神秘を知るようになった時、地球は今まであなた方が考えていたものよりもはるかに多くのものを提供している事に気づくでしょう。あなた方が法則の中を前に向かって進む上でより強靭なエネルギーを得るためには、そういった発見をしていくプロセスが大切です。

今まで発見されなかったエネルギーが沢山存在します。あなた方が物質的視点を霊的、エネルギー的観点へと変えた時、そのエネルギーを見つける事ができます。そうすればあなた方のDNAは、神聖な法則、コスモスと地球、女性性のエネルギーである母なる地球と融合するでしょう。あなた方は多くの事、多くの謎や神秘を手に入れる事ができるでしょう。新しいDNAを創造する事、これがこれから先地球で住むための重要な条件の一つです。アセンションは二〇二〇年にピークに達すると多くの人が語ります。六年もありません。しかし、この間努力すればあなた方は自分の高まりのために沢山の事に気づくでしょう。そのために太陽は、あなた方が自分の波動を高め、神法則とは何かを知るために不可欠な存在です。

太陽はエネルギーの源です。太陽が姿を消せば、地球の命も終わります。太陽の存在は、あなた方の物質的人生においてこの上なく重要なものです。あなた方の霊的人生にとってもこの上なく重要なものです。あなた方にエネルギーを与え、あなた方の内側を変化させ、新たな時代に挑戦するために、近未来に直面するであろう問題に挑戦するために、必要な力を供給しています。一〇年、二〇年、三〇年先の事ではありません。もうすでにその時期に入りつつあるのです。あなた方は各瞬間、大きな力でもって地球に起こりつつある大変化に慣れていかなくてはなりません。

太陽は霊的人生（物質的人生を通して霊的成長を遂げていくプロセス）の源です。そのために太陽の神々が太古の昔から存在し、現在も存在しています。太陽の神々は人類の高まり、進化のためにエネルギーレベル（霊的次元）で重要な役割を果たしています。太陽はあなた方の多くが内側に抱えている闇のエネルギーを浮き上がらせ、クリーニングするのを助けます。太陽はフォトンエネルギーを通してあなた方の精妙なエネルギー体を開き、その中に閉じこめられているネガティブエネルギーを放出させていきます。太陽はフォトンエネルギーを通して、そういったネガティブエネルギーをポジティブエネルギーへと変容させていきます。そのようにして、太陽はあなた方が法則の中を正しく進んでいく事ができるよう、霊的、感情的、心理的側面においてかけがえのない働きをしているのです。

今の気温の上昇を見て下さい。三十六度、三十八度、四十度と。過去にはなかったものです。人類は変化があっても、常に過去と比較しようとします。過去は過去です。現在のエネルギーは過去とは全く関係ありません。比較しようとしないで下さい。エネルギーレベルで、霊的レベルで、次元レベルで、全く違うからです。法則は変化しているのです。現在の法則を見なければなりません。この気温の変化をどう解釈するか、世界、社会の変化、あなた方自身の変化をどう説明するか、それはあなた方自身が観察し勉強しなくてはならないテーマです。地球で何が起こりつつあるのか、自他のために過激な変化を防ぐために各人は何をする事ができるのか、あなた方自身が考えなくてはなりません。そのためには、あなた方は何かをする事ができる状況、エネルギーの中にいなければなりません。

あなた方の命にとって、太陽の重要さはいくら言っても言い尽くせるものではありません。太陽はあなた方に、過去の偉大な文明、神々、メッセンジャーを通して、沢山の事、太陽と地球と銀河の繋がりを教えています。それを知るためには、自分の生き方は正しいだろうか、安っぽいスピリチュアリズムにはまっていないだろうか、コントロールされたスピリチュアリストではないだろうか、エゴイストなスピリチュアリストではないだろうか、行動を伴った本物のスピリチュアリストだろうか、常に内省する事が大切です。自分は何もしなくても、太陽や法則が全て与えてくれると、棚からぼた餅を待たないで下さい。それは、あなた方自身が自らの努力、生き方の中で見つけていくものです。

太陽は、大いなるエネルギーセンターであるプレアデスのアルシオネと密接に繋がっており、偉大なマスターや神々が、存続の危機に陥らないよう人類を助けたり、警告を発したりしてい

人類はいつ
アセンションのプロセスにある事を
理解するでしょうか。
地球もあなた方と共に
アセンションしたいのです。

ます。しかし、あなた方は物の世界に埋没し、そういった偉大な神々の働きに背を向けています。今変化しなければならない時です。現在のあなた方の政治、経済、社会的構造は神の愛、神法則の基本に反しています。太陽を通して進みつつある霊的変化は、あなた方が見ているもの、考えているものと全く違います。太陽は、光の存在、神々を通して人類の霊的、感情的、心理的構造を変えようとしています。太陽は、そのエネルギー、神々を通して、あなた方が闇の存在によるコントロールマトリックスから解放されるように大きなスケールで働いています。コマンド・アシュタ－シェランやコマンド・ショントルは多くの光の船団を通して膨大な数の光の存在と共に、地球が太陽活動により大きな問題が生じないよう日夜活躍しています。

兄弟よ、今困難な新たな段階に入りました。乗り越えられるかどうかはあなた方の努力次第です。神法則の中に限界は存在しません。従って自分はできないというのはありません。「私はできる」です。光の霊的世界では常に「私はできる」、「私は乗り越えられる」という言葉が存在します。しかし、あなた方の社会システムでは限界を作ります。限界ある社会ではあなた方は霊的に育つ事ができません。あなた方のＤＮＡを再構築する事ができません。コントロールマトリックスからの依存を解き放つ事はできません。

コントロールマトリックスから解放されるには、システムを打ち破り、システムはカオスになる必要があります。そこで初めて神法則が浸透していくからです。社会システムの崩壊はもうそこまで来ています。人々は互いに理解し合う事ができず、イデオロギーをめぐって争っていますが、お金と権力のためには結束します。しかし、その時代は終わりつつあります。

これから人類の平等、霊的平等が存在する事を信じ、太陽の動き、地球の動き、自然界の動き、動物の動きを見て前に向かって進んで下さい。動物たちはどんな変化にも敏感です。動物を見て下さい。彼らは母なる自然の良い例（モデル）です。動物たちは四つ足で母なる地球から情報を得、受け取るエネルギーに従って行動する事ができます。しかし、あなた方は物やテクノロジーの世界に盲目となっているので、地球やコスモスのエネルギーを受け取る事ができないでいます。テクノロジーの世界によりコントロールされているからです。そこに人と動物との大きな違いがあります。動物たちは法則や自然と繋がっています。

今日は目に見える太陽の向こうの世界についてお伝えしました。あなた方の命と繋がっている世界です。太陽光線のきつさ、鋭さを口にする人が増えてきましたね。その太陽があなた方に何を教えようとしているのか、心で感じて下さい。

人類を支配しているコントロールマトリックス

地球は引き続き変容のプロセスを継続しています。地球のエネルギーはここ数年大きな変化を遂げ、これから更に変化していくでしょう。

現在の人類は五〇年前の思考、霊性、意識で振動しています。地球のエネルギーがこれだけ変化しても人類は変化していません。

人類は、五〇年前の物中心のシステムの中で振動し続けています。地球の法則は物質的、霊的、感情的レベルで変化しています。

しかし人類は、地上に降り注いでいる新たなエネルギーを求め新たな法則を征服していくべく、法則の進みに従って動こうとしていません。

五〇年前のシステムが崩壊しないようにしています。

五〇年前から受け継いできたコントロールマトリックスの中で生き続け、コントロールを打ち破ろうとしません。

古いものに甘んじ、新たなバロメーターや新たなエネルギーを見つけようとしていません。

そのため人類は、地球に存続し続けていくための準備ができていません。

人類は科学、スピリチュアリズムも含め、常に過去のものを探求しています。

しかし、あなた方は現在と未来を生きていくのであり、過去はもう存在しません。

過去は、アセンションのプロジェクトを進み続けていくためのベースとして、一つの参考にはなります。時には過去が何かを意味する事があります。

それは、多くの光の存在や神々は過去から来ているからです。

それは、良い意味でも悪い意味でも、地球に入植した地球外生命体です。そういった神々、例えばレムリア、アトランティス、アステカ、インカ、マヤ、古代エジプトの神々は、人類に高い精神文明をもたらしました。

しかし、その事は未来に目を向けるのをやめて、過去を見る事を教えているのではありません。

そういった神々は存在しています。神々には時空は存在しません。一度地球に来たら、その役割が終わらない限りそこに定住します。

しかし、残念な事に、そういった神々の中にはアセンションを望んでいない存在も少なくないのです。

人類のエゴの影響を受け、役目の終わった神々も自分のエゴから地球に残っています。物を中心としたあり方を通して、人類をコントロールし続けていきたいのです。

全ての神々が正しい存在ではありません。

地球が五〇年前と同じように進み続けていく事を望んでいる神々があります。

そういった神々は、人類がアセンションのプロジェクトに従わないように働きかけています。

人類は、特定の人が人類全体をコントロールすべくファシズムの古い法律を守り、戦争、経済、官僚主義など様々な形で人々を苦しめる、そのような世界を作り出しています。

彼らはネガティブな存在のサポートを受けているのです。それは地球をネガティブな勢力のラボラトリー（実験室）にするためです。

多くの人類が社会のシステムを通してこのプロジェクトに協力しています。

人類は未来を過去と比較しています。過去は過去です。今は未来を求めて現在を生きる時です。

あなた方は一〇年後、二〇年後、三〇年後、四〇年後、あなた方がもう存在していない時、地球はどうなるだろうと想像した事がありますか。地球ばかりでなく銀河全体はどうなるかと。

あなた方には想像する事はできないでしょう。あなた方は法則に従って進んでいないので、この進化のプロセスを理解し想像する事はできないでしょう。

進化のためにはアセンションはとても重要な事です。

各人、その人の時間があります。各人、その人の瞬間があります。その時間に従って、その瞬間に従って各人は機能します。

時間がかかる人もあるでしょうし、あまりかからない人もあるでしょう。道途中で倒れる人もあるでしょう。それがプロセスです。

決めるのはあなた方であり、道を探すのもあなた方であり、光を探すのもあなた方です。

誰もあなた方にとって代わる事はできません。ですから過去を探求しても時間を失うだけです。


現在と未来を探して下さい。

現在の光を探して下さい。

地球で起こっている変化、あなた方一人一人の内側で起こっている変化を感じて下さい。

アセンションはあなた方一人一人の自由に任されています。

現在の社会を見て下さい。真の自由が存在していません。

自由について語りますが、どこに自由があるのでしょうか。法律が自由を剝奪しています。

現在、履き違えた自由、暴力、攻撃性が存在しています。ある範囲内で全てが許されています。

しかし、お金がからむ時、国は自由を取り上げます。自分たちが生き残っていくために最大限に国民から吸い上げようとします。

それは自由とは言いません。それは隷属と言います。

人は誰でも幸福になる権利があります。一握りの権力者のみが幸せになるのではありません。

では、どこに神法則があるのでしょうか。

苦しんでいる人にとってどこに光があるのでしょうか。

あなた方は自由を得るために、自分の内側と取り組んでいかなくてはなりません。現在、人類は一部の人類により完全にコントロールされています。

現在の法律をもって民主主義や愛を語りますが、そのようなものは存在していません。

全てファンタジーであり、法律は嘘でいっぱいの紙切れにしか過ぎません。

国が望む事だけを許しています。その嘘のエネルギー、落とし穴でいっぱいのシステムの中であなた方は生きています。

そのようにあなた方の社会は、五〇年前の波動で振動しています。

多くの国民はそういったもの全てを鵜呑みにして受け入れています。それでは霊的人生に前進がないのが普通です。

全てを受け入れる人が神に祈っても何か意味があるのでしょうか。その人の人生には変化がないでしょう。五〇年前と同じように生きています。霊的にも精神的にも五〇年前の状態で生きています。

形だけで神に祈っても何か役に立つでしょうか。

それがその人にとっての霊性ですが、その霊性というものがストップしたままでいます。地球に起こっている変化に従って進むために、自分の内側を変えようとしていません。

地球はあなた方が法則、光の存在、神々、大天使、天使と繋がり、既成概念から解き放たれ前に向かって進んでいくチャンスを提供しています。

しかし、人類は地球をコントロールするために、その解放、自由を断ち切ろうとしています。それが経済、政治、社会的コントロールマトリックスです。

さて、アセンションは強制ではありません。各人の解放です。あなた方がアセンションすれば、光が満ちあふれ苦しみのないもっと自由な道が待っています。

しかし、平和、調和、安らぎの心でアセンションを求めなければ、苦しくなるでしょう。なぜでしょうか。何か義務的に感じているものがあるからです。アセンションしなくてはならないからアセンションするのだと考えるからです。

繰り返しますが、アセンションとはそんなものでは決してありません。自分の霊的未来を考え、より良く生きるために自分のエネルギーを変えたい、自分のエネルギーを高めたい、だからアセンションをする、そういうものです。

何もしなければ、地球のアセンションのプロセスに乗り遅れる事になります。

神聖な法則に遅れる事になります。

その時後悔しても遅いのです。

神聖なプロジェクトには、一部の人を優遇するような法則は存在しません。

真実しか存在しません。一度始まれば止まりません。

地球を取り巻く惑星では、光のコロニーと苦しみのコロニーがいくつも準備されています。

ここをよく聞いて下さい。あなた方を怖がらせているわけではありません。真実です。

光のコロニー、光のコロニーを持った惑星があり、アセンションを遂げた人はそこを訪れたり住む事ができます。

苦しみのコロニーは何も信じない、何もしない人のためにあります。

そして地球がアセンションした瞬間、そういった多くの人は引き上げられ、それぞれ自分の相応のエネルギーの世界へと連れていかれる事になっています。それは法則です。

地球の現実を見て下さい。

あなた方がどんなに軽いものでも罪を犯せば刑務所へ行きます。特に何もしたわけではありません。些細な事です。

しかし、物質界の法律では刑務所へ行かなくてはなりません。それは懲罰です。法律によるエゴです。

そうでなくてはならない事はありません。でもそうです。霊的法則の世界ではそのようなものは存在しません。法則は愛、調和、礼節に従い遂行されます。

法則に対する畏敬というものが存在します。霊的法則が動き出したら、誰に対しても例外はありません。皆がその法則に従わなければなりません。

自由の中に愛と調和が存在します。

物中心のルールには、それは存在していません。

権力者はルールから逃れます。力のない者、弱い者は落ちていき、誰にも守られる事はありません。持たざる者には何もありません。

どうしてこのような事をお話ししているのでしょうか。あなた方一人一人に、現在の社会を省みて頂きたいからです。

現在の社会を見て人類の動きをどう考えるでしょうか。

あなた方の霊的人生についてどう考えるでしょうか。

地球に何が起こると思うでしょうか。

地球でのアセンションの瞬間はいつだと思うでしょうか。

アセンションに向けての大変化に耐える準備ができていると思うでしょうか。

多くの質問を空《くう》に向かって投げかけます。あなた方一人一人、考えるのではなく内省して下さい。

考える事は心配を意味し、自分のエネルギー体をネガティブエネルギーで満たす事を意味します。

内省する事は変える事を意味します。足りないものを探し、余分なものを捨てる事を意味します。それが内省です。

ですから、内省は方向性を見出し、法則の中を前に向かって進むためにとても大切です。

社会の動きを見て下さい。地球の住民はどこへ向かおうとしているのでしょうか。反対の方向へ行こうとしています。

地球の温暖化を語りながら、毎日自然を破壊し、工事、建設にといそしんでいます。

地球を汚染しながら、更なる原子力発電所を建設しようとしています。

経済について語れば、もっとお金を、もっとお金をと、それしか頭にありません。

福祉について語れば、日毎にカットされていきます。

そして一番の弱者は横に置かれ、お金のある人にはよりしっかりとしたサポートが提供されます。

自然保護について語れば、資源を求めて森林や海を汚染し続けています。一切が法則に反して進んでいます。人類は神法則と全く反した事をしています。アセンションと正反対の道を進んでいます。

エコについて語りますが、何も変わっていません。大地も海も川も緑も汚染し、破壊し続けています。どこにエコがあるのでしょうか。

エネルギーが足りないと言いながら、電気自動車を生産し続けています。汚染しない車だと言っていますが、あなた方の体、肉体を電磁波で汚染しています。

エコカーは、あなた方の生体電気システム、即ち中枢神経系や交感副交感神経を変化させます。そうなればあなた方の体内のアミノ酸生成機能に問題をもたらし、病気へと繋がりやすくなります。それがあなた方の低いテクノロジーです。

低いというのは、あなた方のテクノロジーは健康を考えていないからです。売る事だけを考えています。

エコカーが自然に優しいとは洗脳のための言葉です。自然を汚さなくても体を汚します。どちらが重要でしょうか。どちらもです。自然も肉体も汚してはいけません。

ですから人類は道を間違えていると言うのです。常に内省し、物事を深く洞察する力を養って下さい。

アセンションを阻んでいる集合意識――あなた方は○○の一部です

今日のテーマは意識です。日本でも世界中のどの国においても、あなた方は人類の集合意識の中で生きています。

では、人類の集合意識とはどういうものでしょうか。

人類全体の集合意識は、為政者たちの競争の原理、弱肉強食の原理によりコントロールされています。この重たい集合意識が日本を含む世界中を支配しています。

あなた方の国、日本はこの集合意識が特に強く、全ての人に影響を与えています。

その中で進んでいくためには、あなた方は自分自身の神意識を持つ事が必要です。自分の神意識を持つとは何を意味するのでしょうか。

社会を見て下さい。社会の集合意識は、二〇年、三〇年前と全く変わっていないのに気づくでしょう。

人は幸せを感じるために物を探し続けています。幸せになるために自分の中に真珠があるのを忘れ、自分の外にある物を探しています。

そういう集合意識は今も根強く続いています。人々は同じ物を探す集合意識に引きずられているのを感じています。

興味も同じ、求める物も同じ、同じ価値観。これにより各人の意識の高まり、霊性、自分を知る力、人類や日本が今どんな瞬間を生きているのかを知る力を失っています。

この事は意識を高めるにあたり、あなた方の国、日本にとって大きな障害物となっています。

意識の高揚とは、自分に何が足りないのか、自分の内側を探る事を意味します。しかし、多くの人は自分に足りないものを外の世界に探そうとします。

自分は宇宙の一部であり、神意識の一部である事を忘れています。あなた方が探さなければならない事はその神意識です。あなた方は神の一部です。

だから、あなた方は自分の中にその神の一部、神聖な部分を探さなくてはならないのです。

あなた方の精妙なエネルギーの中にしまい込んだままになっている光の意識です。

あなた方一人一人が、唯物主義に基づく人類の集合意識により見失った自らの神意識を取り戻していかなければならないのです。

そのために、常々自らの内側を探求して下さいと言うのです。

大いなる光のプランに従って進んでいくためには自らの神意識と融合する事が求められているからです。

神聖な意志に従って進んでいくとは何を意味するのでしょう？　自分の中に法則を探し求める事です。

内なる自分に対して満足する事、自分の中に幸せを見つける事です。

社会問題や社会不安を探求する事ではありません。問題や不安を求める意識は退化の意識であり、あなた方の国を霊的、精神的退廃、意識の退廃に導いていくものです。

あなた方は神意識を探し、それがあなた方の心の奥にあるシャーマトリナ（＊巻末語彙集参照）と融合し、神法則である光のパイプと繫がるよう努力をすれば良いのです。

そうすれば、天使、大天使、オリシャー、エシューといった高き存在が、今あなた方がどんな時の流れに置かれているのか、何を理解しなくてはならないのか、指し示してくれるでしょう。

これからの国内外の情勢の中を進み続けていくためには、意識を上げるという事ほど大切な事はありません。

あなた方の国や世界が抱えている数多くの問題、戦争、経済不安といったものは全て、人類がアセンションしないようにコントロールされた集合意識の中で生み出されたものです。このような罠に落ちないようにして下さい。

自分の中にある意識に留意して下さい。

あなた方の内なる意識を開き、高めるように努めて下さい。

特に精神や霊性に取り組もうとしている人たちは、自らの中に内在している宝、霊的豊かさを掘り起こすよう努力して下さい。

多くの人たちは自分を開拓しようとしません。意味のない日常茶飯事に心を奪われています。そういった日常のごたごたのエネルギーは固くて重く、あなた方に更なる問題を呼び込んできます。

あなた方は自分の意識をそういったものに対して開き、社会の粗く重たい自己中心的なエネルギーと交わり、結果として自らの神聖な意識にブロックをかけているのです。

そういった集合意識、大衆意識から離れるためには、自己に内在する神聖な意識を探し求め、その意識を高めるよう努めるしかありません。

集合意識、大衆意識とは、人類全体を退廃に導く事を目的としているコントロールマトリックスにより操作され生み出されたものです。混乱、戦争、権力を生み出し、人類を神聖なプロジェクトから遠ざけるための計画です。

ネガティブな勢力は、地球がアセンションする事なく、人類がばらばらになりネガティブな力の中で行動し、彼らの実験動物となったまま進んでいくよう巧みに大衆を操作しています。

それは何によって実現しようとしているのでしょうか。

政治、銀行、原子力エネルギーの裏に存在する権力を通して、地球や人類をコントロールしようとしています。原子力も人類や社会のための必要悪だという口実を、いかに巧みに作り出しているか分かるでしょう。

ですから、幸福、喜び、豊かさを自分の中に見つけるようにして下さい。

あなた方がそういった個人の霊的財産を自分の中に探求していくようになれば、コントロールされた集合意識と共振する事はなくなるでしょう。

そうすれば、気づかなくても光の存在が、自らの神聖なプロジェクト、アセンションに向かって進み続けていくあなた方の背中を後押ししていくようになるでしょう。

兄弟よ、意識というものについてよく考えて下さい。

意識を上げる事に努めて下さい。

自分だけが固い錠前で閉じこめられている本来のエネルギーを開く鍵を持っています。

人類の集合意識を打ち破り、日々自分の信念を培い、心の中に調和と平和を保ち、自らの中に内在している力を求めながら進み続けて下さい。

自分を理解するために、自分の外側の世界や容易なものを探し歩いても得る物は何もありません。反対に、自分を理解できるようになれば、自分の外側で、社会で何が起こっているのか、よく分かるようになるでしょう。

法則を理解できるように努め、自らのエネルギーに磨きをかけ、あなた方の進みの後押しをしてくれるように光の存在、自分のガイドや好きな神々に求めて下さい。

光の存在のサポートは、あなた方の高まりやアセンションの道を阻む集合意識と共振するのを断ち切り、内側の世界を開き、本来のエネルギーに目覚めて進んでいく上でこの上なく大切なものです。

新生地球へアクセスするためには——アセンションの鍵

六月も終わりです。今年は、あなた方も自分の体でお分かりのように気温の変化が激しく、六月は涼しい日が続きました。

それにもかかわらず、多くの人々はその変化に気づいていません。それは環境汚染や地球の温暖化によるものではありません。

あなた方のカルマ、トラウマ、あなた方が地球に蓄積し続けるネガティブエネルギーにより、アセンションのプロセスとして起こってくるものです。

地球は確実にアセンションのプロセスを進みつつあります。

昨年、二〇一三年六月以降、物事が大きく変化していくとお伝えしたのを覚えているでしょうか。実際、物事は大きく変容してきています。

新しい地球は向こうにあります。カトリック、プロテスタント、新興宗教を含めて多くの宗教の幹部は、天国はいつか来ると言っています。天国はそこまで来ていますと。

でも、現実は天国ではありません。全く異なります。

新しい地球、新生地球は、神法則と共に歩む者だけを受け入れるでしょう。

新生地球は、それを汚さない高い意識を持った存在だけを受け入れるでしょう。

そのため、今あなた方の地球では気象、地殻、人のメンタル、心理、霊的、エモーショナル分野において様々な事が起こっているのです。沢山の良い、悪い現象が起こっています。

悪いものばかりではありません。心を開き始め新しいエネルギーを知りたい、無意識で新生地球に向かうプロセスを模索し、どのように前に向かって進むべきか知りたいと思う人が増えています。

あなた方の地球の上にダブって存在する新生地球は平和そのものです。

新生地球は霊的レベルだけで存在しているわけではありません。

物質レベルで存在し、食べて飲む、お風呂も入れ、遊びに出かける事もできます。ただそこに住む事ができる存在の波動は今の物質地球よりも高いものです。

そのため、今こそあなた方の霊性、法則、内なる世界を探求する時です。

そして、あなた方のパラレルワールドとして存在する地球での過去世、宇宙での過去を、クリオジェニックボディ（コスモスのある次元に安置されている冬眠状態の体で地球に入る前に置いてきたもの）も含めてクリーニングし、新生地球に住むチャンスを得る事ができるように準備していく時です。

新生地球に到達できるための基本的な条件は、メンタル、心理、エモーショナル的側面を変え霊性を高める事です。

霊性を高めるとは聖人になる事ではありません。

新生地球に住むために聖人である必要はありません。

肉体を変える事、細胞の記録を変える事、骨やホルモン、リンパ、体液、オーラの記録を変える事です。

オーラは現世だけでなく過去世のあなた方の肉体、メンタル、感情、霊的状態を映し出す鏡です。

あなた方が新生地球に住むのを望むなら、そのクリーニングのプロセスをクリアしていかなくてはなりません。

新生地球へアクセスするためには、過去のエネルギーを解放し、より高い周波数へと変える必要があります。


新生地球とは何でしょうか。アセンションです。アセンションは新生地球です。アセンションした地球です。

あなた方がアセンションしていなければ、アセンションした地球に住む事はできません。アセンションした地球ではあなた方は根底から変わる事が要求されます。そのためには神聖な流れに沿って少しずつ努力をし続けていく事です。

それは、アセンションした地球が放つエネルギーに従って進む事を意味します。

ちょうど飛行機のようです。一度舵を取ったら大きく上下する事なく目的地に向けてまっすぐ進み続けます。

新生地球を望むのであれば、過激な波動がないところを選択し、新生地球に向けてより確かな道を進み続けていけるようバランスを取り続けなければなりません。

あなた方にメッセージをお伝えしている光の存在は、時にはあなた方に対して厳しい事があります。

それは新しい時代、新生地球に向けてあなた方を準備するためです。

あなた方のスピリット、メンタル、エモーション、肉体を準備していくだけではありません。

あなた方が何を努力しなくてはならないのか理解するためです。

努力はあなた方一人一人がしていくものです。

他の人の事を考える必要はありません。

まず自分自身の事を考えその次に全体の事を考えれば良いのです。

私たちは常にこの点を強調してきました。

時はそこに迫ってきています。時は待っていません。

人は論理的思考に基づいて物の世界だけを見続けているので、過去の延長線上の未来しか見えないのです。

しかし、法則は動き続けています。一年後どうなっているのでしょうか。誰にも分かりません。

一年後に地球や近くの惑星に何が起こるかについてのプログラムがアカシックレコードにあります。唯物的論理思考に基づいた生き方をしていては、何も知り得ないでしょう。

なぜなら、神法則に繋がらないからです。どのように進んでいくべきか教えているこのエネルギーに繋がらないからです。

あなた方は自分の内側を開こうとしません。自分自身を知らないのにどうして法則を知る事ができるでしょうか。

あなた方が誰なのか知るために、各人が自分を知る、自分を見つけるようにいつも主張してきました。

自分は○○という名前です。自分はどこからか来ました。霊的レベルでは自分はどの家に生まれたかは重要ではありません。大切なのはどこから自分が来たのか、どれが自分の本当のプロジェクトなのか、それを探す事です。その事をよく理解して頂ければと思います。

あなた方の意識を高めるためのプロジェクト、アセンションを求める事、アセンションした地球を求める事をあなた方全員にお教えしたいと思います。

私たち光の存在一同は、あなた方が自分のエネルギーをクリーニングし、アセンションした地球を求め、触れるための鍵をお伝えします。

それを求めない人はどうなるのでしょうか。

その事については心配しないで下さい。大切なのはあなた方がアセンションした地球を求める人だという事です。

各人が自分に値するものを求めるのです。

自分にとって権利のあるものに触れるのです。

あなた方は光を求めアセンションした地球を求めています。ですから光の中を光の法則と共に生きていく事だけを求め続けて下さい。

誰かが汚いお金で身を肥やしている、国は原発を再稼働させようと全力を上げている、そんな彼らのしている事もどうでもよいのです。

重要なのは自分たち自身です。

もちろん、それは行動しなくても良いという事を言っているのではありません。心配する事と行動する事は違います。

人が何をしているか心配する瞬間から、あなた方は自分の霊的力を失います。彼らによりコントロールされているネガティブな大衆意識の波動に引っ張られ、それに拘束されてしまう事になるからです。

ですから、プルトニウム、ウランを使用しようとしているとかそういった政治的ニュースに心を左右されてはいけません。

自分の日常に問題を見つけては心配し時間を失うような事があってはなりません。

自らの中に光を探して下さい。

自らの中に法則を探して下さい。

あなた方がそのように心配事を探し続ければ、この重たい地球から出られなくなるでしょう。アセンションした地球が現実となるように聖白色同胞団、神々、大天使、天使といった様々な光の存在が最大限に活動を展開しています。

一方、あなた方がアセンションした地球にアクセスするのを妨げようとしている黒い力が存在します。その黒い力は、事故や災害を引き起こしています。

それを引き起こしている人は気づいていません。コントロールされているからです。

それは、彼らの信念とするものが法則にかなっていないからです。彼らの信念とするものが法則にかなっていれば、はじめからそのような事はしないでしょう。

見て下さい。幾つかの国を除けば、どの国でも問題を抱えています。

世界経済も貧しき者は更に貧しく、金持ちはより金持ちになるように仕組まれています。それが現実です。

政治も世界経済も弱い者を抑圧していく事にあります。弱い者が身動きとれない状態を維持し、強い者がお金（経済）、政治、法律でもってコントロールし続けていくためです。

そうして常に強国が弱小国をコントロールし、政府は金持ちのために貧乏人をコントロールしていくでしょう。

どうしてそうなるのでしょうか。人類をコントロールしている彼ら自身が、地球がアセンシ人は、常に表面的な心を見ます。
ですが法則の前には
表面的な心は関係ありません。
法則の前には皆同じです。

ョンしないように、新生地球があなた方のところに来ないようにコントロールされているからです。

彼らは地球を地獄へと変えたいのです。

今の地球の現状を見れば誰の目にも明らかです。気づかない人はおめでたい人です。ニニースを見て、少し考えれば分かるでしょう。彼らはコントロールしたいのだ、そのために税金を更に絞り取ろうとしているのだと。

そのお金はどこに行くのでしょう。彼らの利益となるところです。

彼らの暮らしは日毎に良くなり、あなた方は彼らのために汗を流して働いているのです。それでは彼らの奉仕者であり奴隷となります。

税金というのは人類が作り出した最悪のものです。

公正な社会に住むには、それはアセンションした地球でしょうが、そこには税金はありません。

戦争もありません。欲もエゴなく全てが平和と礼節、調和であり、誰も空腹に苦しむ事はありません。

平和の中に愛が存在するからです。

今のあなた方の地球には愛が存在するでしょうか。

ノーです。表面的な愛だけです。

もちろん愛情深い人は存在します。今、政治、経済、国レベルでのお話をしているのです。

そういったものは全て地球がアセンションしないためのプロセスです。

新生地球が古い地球に取って代わらないようにするためのプロセスです。

あなた方の多くはそのための協力者となっています。

あなた方が意識を高めれば、光の存在は地球ができるだけ早くアセンションするようにあなた方を助け、法則はもっと容易に動く事ができるようになるでしょう。

新生地球は古い地球に重なり融合していくでしょう。

しかし、そういった事実を無視し、歯止めのきかない物の消費経済だけを重視していけば、これからの未来を考えるチャンスもないでしょう。

あなた方の国は一つの典型的な例です。今の若者たち、彼らの多くはケータイに酔っています。ケータイの向こうにあるものを見ようとしません。

人類は人として、光の存在、神聖な存在として地球に生き続けるために、神聖な部分を受け継いでいます。あなた方は神意識の粒子です。

新しいテクノロジーは何をしているのでしょうか。

その神意識の部分を破壊しているのです。持って生まれた才能の芽をつんでいます。

新しいテクノロジーの目的は何でしょうか。

依存、お金です。

それは実験のためのモルモットです。新しい科学はアメリカの闇の政府によりコントロールされ、世界の金融システムを統括しています。中国ではありません。彼らは自分の望む全ての国を手中に収めようとしています。

その中でもあなた方の国は特に簡単です。全くコントロールされています。

あなた方の国の霊性はアメリカにより完全にコントロールされています。その事をよく理解し考えて下さい。

新生地球がすぐそこまで来ている事を自覚して頂きたいと思います。すぐそこの角まで来ています。そのために自分たち一人一人の準備をしっかりと行って下さい。

一方、光の存在のものではない船（宇宙船）があります。ヘルクロボスと呼んでいる巨大な惑星です。

アセンションやスピリチュアリズムに興味なく闇の存在の見方をしている人たちを連れにきます。彼らはそういった人たちを連れていき、それぞれに相応する波動のコロニーへと届けます。

おそらくそこには沢山の人間が行く事になるでしょう。

全て各人の生き方次第です。これが物事のもう一つの側面です。

ですから、そういったニュースや低いエネルギー、ネガティブな波動、ネガティブな大衆意識などに足を引っ張られる事がないように努力をして下さい。

あなた方がそういったものとネガティブに同調すれば、大きな影響を受け苦しくなるでしょう。

しかし、あなた方があるレベル以上のエネルギーで振動し続ける事ができれば、そういったエネルギーと繋がる事はありません。

ネガティブなエネルギーとは無関係になり、調子が悪くなる事もないでしょう。あなた方に関わるのは光だけです。

今年二〇一三年は光との繋がりにおいてとても大切な年です。新生地球はすぐ近くまで来ています。

しかし誰が、どのくらいの人が、その住民となるための候補者となるのでしょうか。

あなた方次第です。私たちはあなた方がどんな状況を前にしても先頭に立っていけるように法則をお伝えしています。

あなた方の真剣さ、努力に応じて上に向かって進むか下に留まるかが決まります。光を求める人はもちろん光に到達するでしょう。疑ったり信じない人はその人たちの問題です。

私たちはただ法則をお伝えするだけです。それを遂行するかしないかはあなた方の問題です。

私たちは、できる限り早い将来に地球がアセンションし、新たな地球が届くことを心の底から願っています。

そして、一刻も早くあなた方が救済され光の中を進み続けていく、これが私たちのプロジェクトです。

私たちは、あなた方が神聖なプロジェクトの道を進み続けていけるようサポートするために、あなた方の前にいます。

今、あなた方の波動を高めるための絶好のチャンスの時です。

先ほど言いましたように決して人の事は心配しないように。まず自分です。

あなた方が光で振動するようになってから、周りの人、身近な人々にも目を向けて下さい。

あなた方が光で振動するようになれば、あなた方の周りにいる人も光で振動するようになります。

あなた方が闇で振動すれば、あなた方の周りの人も闇の波動で振動します。

あなた方が光を求めれば、あなた方と共にいる人たちも光で振動するようになります。

あなた方が闇を求めれば、あなた方と共にいる人たちも闇で振動するようになります。

ですから光で振動し、光を求めて下さい。法則を探し、法則の中で幸福であって下さい。

幸福になるために楽な物を探さないようにして下さい。楽なものは法則にとって役に立ちません。楽な物は今の時役に立ちません。

意を決して前に向かって進んでいく時です。

自分を変える必要性、より高いエネルギーで振動する必要性を感じる事が求められています。

自分を信じて進み続けて下さい。

法則が嫌う事はあなた方が自分を疑う事です。常にネガティブな部分を見ようとしている事です。

過去を見て、過去を懐かしみ、そしてネガティブに落ちていく、そのように存在しない苦しみを探すのはいい加減に卒業して下さい。

自分をもっともっと信じる事です。自分を疑う事は、光の存在が最も嫌う事です。自分を疑わないためにももっと努力して下さい。

自分を疑うという事は、まだ道を見つけていない事を意味します。依存を求めているからです。

高まりと依存は相反するものです。高まりとは各人が一歩一歩階段を上り続けていく事です。

依存は誰かが自分を助けてくれるように外を見る事です。

依存し始めればきりがなくなるでしょう。光の存在はそれが嫌いです。

あなた方には法則があり、求めれば神聖な光が届くところにあるのです。意を決して立ち上がって下さい。

多くの人は不満を言い、落ち込み、自分を疑い、でも努力しません。最後に依存がきます。あなた方自身が自分の道を見つけなくてはならない事を理解して下さい。

今、自分の外にあるものへの依存を手放す時です。そうでなければあなた方は変わる事はないでしょう。

特にそのように自分を疑い、外に依存し、ネガティブに考えやすい人は、よく内省をして前に向かって進み続けて下さい。

アセンションの本質——自分の内なる世界

日常生活の中で自分の内側を見つめ自己成長を目指して進もうと決意すれば、誰でも自分自身の内なる世界を発見するチャンスがあります。

苦しみの中に学びがあり、その中に前に向かって進むのを阻んでいるものを見つける事ができます。

自分の成長を妨げている問題を発見する事ができます。

自分の欠点、抱えている問題、自分には何が足りないのかを見る、自分の過去を顧みる、自分が幸せになるのを妨げている何かが存在する、それは過去世の中に存在するのではないか、そういったものを自分の内側を見つめる事により感じたり想像したりする事ができるのです。

そのようにして内なる問題点を知りそれらをクリアーにしようと努力すれば、本当の幸せに近づいていく事ができるものです。

内なる問題は、現実的な問題として突然やってきます。

それが何かを、あなた方の外側にある宗教や占いなどに求めても、あなたが探し求めている内なるものは見つける事はできません。

自分の内側にある何かを見つけようとしなければ、常に迷い心配している状態となり、そのエネルギーはあなた方の人生に影響を与え続ける事になります。

ですから外を探している限り、メンタルの表面的なところをかすめ一時的に救われたような気持ちになる事はあるかもしれませんが、意識の深いところには届きません。

自分を深く、深く見つめていけば、あなた方の知らない別の自分が存在するのに気づくでしょう。

内なる自分を探す事が分からないと言う人がいます。

自らを見つめ続けていけば時間が教えてくれるでしょう。

自分の知らない自分の内側。それはあなたの未知の世界でもあり、あなた方の数多くの転生の世界でもあります。

あなた方の細胞の記憶を通しても思い出せない世界です。

その過去の記憶がフォトンエネルギーにより誘発されエネルギーとして浮上してくるので、多くの人が苦しい想いをしているのです。

それを忘れるために心を楽しませる事に意識を向けています。外に楽しみを探す方が楽だからです。

あなた方の物質的思考と異なる世界を探すという事は、あなた方の中に未知なる世界を探す事なのです。

隠れているエネルギーを探す事です。

他の次元に属する世界を見る事です。

気がつかないでしょうが、あなた方は常にそのエネルギーを保持しているので、人生がうまくいったりいかなかったりするのです。

ですから、自分の内側を見る、内なる神を見るという事は、各人が持っている未知なる世界を知るという事です。

地球での多くの転生、地球に来る前の様々な体験、そこにあなた方の全てのカルマやトラウマが存在します。もちろん、良い事、美徳もあります。

内なる自分を見るとは、各人の未知なる世界を見る事。アセンションとは、そこに内在するネガティブな部分、カルマ、トラウマを乗り越え、コスミックボディを含む三十二のエネルギー体（＊巻末語彙集参照）を変容させていく事にあります。

だから、問題は未知なる世界から来ており、一見去ったように見えてもまた何かが来ます。繰り返し繰り返しとどまる事なくやって来ます。それは、自分の一番大きな問題を探さなかった、見つけようとしなかったからです。

それが自分の内側、内なる世界、忘却の彼方にある自分の世界を見るという事です。

人は今の人生を、この今の体に転生した自分を知っています。

しかし前の人生を知りません。

どこから、どの場所から、どんな時、どんな波動の世界から来たのか知りません。

だから、どこから来たのか、どういった世界から来たのかを感じる事です。

そうすれば、何が原因で今の状況になったのか、どうして職場や家の人間関係に問題が生じるのか、どうして不調や病気になるのか、何かヒントが得られるようになります。

これが自分の内なる世界を知るという事です。

今、人は内なる世界に触れ始めています。一番弱い部分であり、受け止めたがらない一番複雑な部分です。

ここにアセンションの鍵があります。先に向かって進み続けるための鍵です。

銀行に似ています。銀行の奥にある金庫の扉をあけようとしても、それにアクセスするには様々な数字のコンビネーションが必要なので簡単ではありません。人生も同じです。

地球での転生やその前の宇宙での生き様に対してアクセスがなければ、それは光のコンビネーションであり各人が見つけるべき努力をしなければならない様々なエネルギーの層ですが、そこにたどり着く事はできません。

あなた方の本当の魂はその奥にあります。

魂が他の人生で作ったカルマやトラウマによって押しつぶされているかもしれません。だからその金庫の扉を開かなければなりません。

あなた方自身を、あなた方の欠点を、あなた方の問題を発見するために、そしてどうして私だけが？と言わないために。全ての人に今過去のエネルギーが開きつつあるのです。

ただ一人一人、開く形が違うだけです。

これから時代のエネルギーは、更にあなた方の心の中の金庫の扉に触れるようになります。だから苦しくなります。光の法則があなた方のトラウマ、カルマに触れるからです。

しかし、現実はどうでしょう。

あなた方は内なる自分を開きません。内なる扉を開けようとせず、カルマ、トラウマの存在する多くの過去世の記憶を手放そうとしません。

常に自己防衛の態勢に入り、そういった自分のネガティブな部分や内在している問題に光を当てようとはしません。

これが内なるアセンションの姿です。

アセンションは自分の内側から始まります。今日のメッセージで、内なる金庫の扉を開くという事はどういう事か理解して頂けたらと思います。

自分の内側を見る、内なる神を見るためには、まず自分のカルマ、トラウマ、問題などネガティブな側面をクリーニングしなくてはなりません。

ネガティブな側面をクリーニングする事なくして内なる神を見る事はできません。それが第一段階です。

自分を見ようとせず法則に反して進んでいては、内なる扉を開く事はできません。しかし内なる扉を開く事ができれば、コスモスの法則へアクセスする事ができるようになります。

だから、神社などを通してあなた方の外にある神を探していても、何も見つける事ができないのです。

それは内なる扉が開いていないからです。内なる扉は神社にありません。各人の中にあるのです。

現実には、レベルの高い神々は決してあなた方の周波数領域には降りてきません。

それは、あなた方の内なる扉が閉まっているからです。

あなた方が神々のレベルまで上がっていかなければなりません。でも扉が閉じていて、どのようにして上がっていけるのでしょう。

あなた方の内なる扉が閉まっていては光は入りません。ちょうど太陽の光と影のようなものです。

どうして太陽の光が、光の影になっているところを暖められるでしょうか。障害があるので光が入る事ができません。

あなた方も同じです。神社の神々も、心の影が全てをおおい隠していては、どうしてあなた方の魂を照らす事ができるでしょうか。この関係が分かるでしょうか。

あなた方の魂が黒く弱ければ、あなた方を助けたいと思っている神々の光線は届きません。

あなた方が自分のトラウマ、カルマの影響を受けて内なる神聖な本質を失い、ネガティブな意識の中に生きていれば、どうして神の光があなた方に届く事が望めるでしょう。

それが、神社に行っても神々の高い波動のエネルギー、光を受け取る事ができない理由です。

それは自分の想い、エゴにより自らに影を落としているからです。

もちろん、中にはそのような高い波動に到達できる人もいます。霊的高みに到達しているからです。

霊的世界を研鑽し、自らの霊的波動を通して、神社の神聖な波動と繋がる事ができるのです。

社会人として普通に生きながら、高い世界から来る光で自らの魂を照らし、下座と寛容の心で周りの人々を自らの光で照らしていく本物のスピリチュアリストです。

その人の道には影がないので光とコンタクトする事ができるのです。

人々は助けを求めて神社に出かけますが、それでなんとなく安心した気分になるのです。

なぜなら神聖な場所、気持ちの良い場所だと言われているところだからです。

それは、何となくいいんだという夢、自分の作り出したホログラムに過ぎず、一時的なものです。実際は神の光をかすめてもいないのです。

もちろん神は存在します。

一方、神社のように自分のエゴに基づいた願いをする人が沢山いるところでは、ネガティブな部分も存在します。光を探しにきて闇を持って帰る人も少なくありません。これが多くの人が知らない現実です。

十のネガティブエネルギーを持って入り、五十のネガティブエネルギーを持ち帰る事になります。これは二元性の法則です。

光の中にも闇が存在します。あなた方の想いのエネルギー次第です。

以上をもって、アセンションのプロセスに応じて進んでいく事ができるように、自分の内側を見るとはどういう事か、あなた方の中で神を探すという事はどういう事か、神を感じるとはどういう事か、理解を深めて頂ければと思います。

アセンションとは何を意味するかについて真剣に学ぶには、自己浄化に専念する必要があります。

アセンションを自分の外に探さない事、自分の内側に探して下さい。アセンションは個人に従います。団体ではありません。このまま人類が進めばアセンションできる人は多くないでしょう。

アセンションの周波数に応じて進めるようにインナーワークを行う事に努め、法則に従って進み続けて下さい。

運命の背後にある宇宙時計——時間の神「ヤサミル」より

あなた方は次のステージに向かって移行していく時代を生きています。あなた方の霊的人生
（＊巻末語彙集参照）、物質的人生にとって重要な時代です。

人類を常に導いてきたコスモスの世界にとっても重要な時代です。

今日のテーマは極めて深い意味がありますが、理解が難しい人もいるかもしれません。

しかし、特にカルマ、トラウマ、人間関係、健康などに苦しんでいる人にとっては大切です。

内容は、時間の神であるコマンド・ヤサミル、ヤサミルの地球での化身であるオリシャー・ジラムンドから提供されたものです。

今回、初めてヤサミルにより、コスモスの時間の本質の一部をお伝えする事を許されました。

常に受け取る事ができるものではありません。ヤサミルの名前だけでも大きなエネルギーです。時間と空間のエネルギーです。

今日は宇宙時計（コスモスの時計）、あなた方一人一人の宇宙時計についてお伝えします。

地球で輪廻の旅を始める前に、あなた方は銀河の様々な惑星、星などで生きてきました。あなた方の背景には宇宙での転生における意識全てが存在しています。

しかし、あなた方は今、他の惑星や星に自分の意識が存在しているなどと夢にも思う事なく地球で暮らしています。

今日は、あなた方の過去世のカルマ、トラウマにおいて宇宙時計が存在する事を知って頂きたいと思います。

ここはとても大切なところですからよく聞いて下さい。

肉体を持って地球に誕生する前、魂の状態である時、あなた方は宇宙時計を受け取ります。

あなた方が地球に生まれるためには、時間と空間が必要です。

あなた方の問題の多くはどこにあるのでしょうか。時間と空間です。

ヤサミルが地上で働く時はジラムンドと呼ばれています。ジラムンドはクオンタムレイキでも活躍していますが、彼らは時間と空間、パラレルワールドを担当している存在です。

コマンド・ヤサミルがそういった時空を統治しています。

あなた方が魂の姿から地球に肉体を持って誕生しようとする時、魂の中にプロジェクト、即ち宇宙時計が挿入されます。宇宙時計とは魂に挿入された時間と空間の事を言います。

多くの人は運命を信じています。運命は存在します。しかし、誰が運命を描き決定するのでしょうか。

あなた方です。運命がああなた方を決定づけるのではありません。運命とは、あなた方の魂が選択したプロジェクトなのです。誕生後、あなた方の生き方により、プロジェクトを実現したりしなかったりするのです。

例えば、あなた方が地球に生まれる前、魂、即ち光の粒子であった時、地球の救世主でありたい、人類を助ける仕事をしたいと決意したとします。

それが、あなた方自らが引き受けたプロジェクト、宇宙時計なのですが、それが実現できるかできないかは、地球で生きている条件がそのプロジェクト実現にとって適切なものであるかないかによります。

そういった生きている条件は、あなた方のカルマ、トラウマにより異なります。

この二元性（ポジティブとネガティブ）に基づく物質界における人生では、肉体を失った時よりもカルマやトラウマをずっと容易に浄化する事ができます。

二元性の世界で作り出したものは二元性の世界でクリーニングするのが最も速いのです。

この世界では物に直接触れる事によりアクションを取る事ができるからです。ここが大事なところです。

あなた方は二元性の過去世においてカルマ、トラウマを作ってきました。そして地球に来て、プロジェクトを持って転生し始めました。

しかし、様々な理由でそのプロジェクトを実現する事ができませんでした。様々な理由とはそういった自分のカルマ、トラウマかもしれませんし、自分とは無関係の要素であったかもしれません。

そのため、あなた方が運命と呼んでいるものを実現する事ができませんでした。

でも本当はそうでしょうか。

あなた方が実現できなかったのは苦境にあえいでいたためかもしれませんし、ある時期自発的な意志を失ったためかもしれませんし、また大きな障害が現れたからかもしれません。

でも当初のプロジェクトが実現できなかったとしても、違ったもの、似たようなプロジェクトに変える事はできたかもしれません。

そうすれば、あなた方が過去世から背負ってきたお荷物、カルマやトラウマに従い、宇宙時計が働き始めます。

宇宙時計とは、時間、空間、あなた方の過去世のカルマ、トラウマの事です。あなた方が地球でポジティブなアクションを取れば自分のプロジェクトを早く展開する事ができ、そのようにして宇宙時計に応じて進んでいけば早くカルマ、トラウマをクリーニングする事ができます。

宇宙時計を速く機能させればさせるほど、早くカルマ、トラウマ、未解決の問題をクリーニングする事ができます。

宇宙時計をゆっくり動かしていれば、自分のカルマやトラウマをきれいにする事はできません。

それらを維持し、時の中を進んでいない事になります。

霊的時間は三次元の時間とは異なります。

霊的時間はずっと長く、あなた方の時間はずっと速いのです。

物質的時間の中であなた方が取る良いアクションは、アストラル時間、霊的時間の中では長い時間に相応します。

あなた方がこの地上で行うどんな些細な事でもそれが自分や人のためになる事であれば、宇宙時計は地上よりも一〇〇倍も二〇〇倍も速く動くのです。

そうなればカルマ、トラウマ、様々な問題も非常なスピードでクリーニングされていくのです。これが宇宙時計のプロセスであり、そこに地上に肉体をもって誕生する意味が存在します。

しかし、カルマ、トラウマ、問題に縛られて動かなければ、宇宙時計は反対に向かって機能し始めます。

そうすれば、カルマ、トラウマ、問題を上乗せしながら進み続ける事になり、今回地球に生まれた時よりも更に多くのものを積み重ねていく事になります。それでは乗り越えて成長するのではなく、更にカルマ、トラウマの深みに沈んでいく事になります。

そのようにして地球でプロジェクトを持って生まれたにもかかわらず、多くの人たちは倒れていきました。それは地球での肉体的寿命にも反映されます。

神聖なプロジェクトである宇宙時計を受け取った時、八〇歳か九〇歳の寿命があったとします。

しかし、その人が自分のカルマ、トラウマ、自己責任の欠如から自分の魂の中にあったプロジェクトを遂行するためにアクションを取らなかったとします。そのため実際は五〇歳しか生きる事ができませんでした。

それは常に法則に反した生き方をしていたからです。

もちろん全てのケースがそうではありませんが。

神を信じない人はどうするのですか、と聞くかもしれません。

そういった人の中には地球に住むというプロジェクトを持って生まれた人もいます。ですから地球に住むだけで良いのです。美徳がありカルマ、トラウマが少ないからです。

地球に住んでいる時カルマ、トラウマを更に上塗りする事もなく宇宙時計が逆に進むような事もしなければ、常に宇宙時計は前に向かって進み続けます。

アストラル界でもその人を守るべく大きな力が機能しています。

クリーニングのために特別な何かをしていなくても関係ありません。そういう人もあります。

地球に生まれるために魂を持った時、その人が持っているお荷物、即ち今まで何をしてきたかによるエネルギー的な重さが関係します。

あなた方は地球でも沢山の物質的人生を体験してきました。

コスモスでも沢山の生き様を体験してきました。

各人生意味があり、カルマ、トラウマも作ってきました。

そして今二〇一四年を進んでいます。

各人が今、そういった全てのお荷物、良いものも良くないものも、ここ地球の中で背負っています。

今地球では何が起こっているのでしょうか。地球にはコスモスから大量のエネルギーが降り注いでおり、個人的なクリーニングのプロセスを促進しています。

しかし、あなた方の宇宙時計が速く進んでいかなければ、時の中に取り残されていきます。

時の中に取り残されていけば過去や現在のパラレルワールドに繋がり、あなた方のネガティブな部分、カルマ、トラウマといったものを引き寄せるようになります。

それは多くの人にとって人生の妨げになります。常に過去や苦しみ、ネガティブ性を見るようになります。

それでは、宇宙時計はあなた方のカルマ、トラウマ、問題をクリーニングするために速度を速めて回る事ができません。

ですから、日々自分と取り組む事の大切さを知り、毎日、各瞬間、自分のできる精一杯の事をする、それは宇宙時計を速めるために重要な意味があります。

先ほどお伝えしましたようにアストラル界では時間はずっと長いのです。

ですから、この物質界であなた方がクリーニングを行えば行うほど、アストラル界ではより深くクリーニングする事になるのです。

物事の原因が存在するアストラル界のカルマ、トラウマの波動がクリーニングし始めれば、あなた方の霊体や肉体に反映されるようになり、楽になり、落ち着くようになります。その時あなた方の意識が変わります。

今、意識の目覚めの時です。

どこに意識の目覚めがあるのでしょうか。あなた方の高まりの中にです。

しかし、高まるためには何をしなければならないのでしょうか。意識を目覚めさせるためには意識を動かさなくてはなりません。

論理的思考の人、それは物の中で育ったので物だけを信じるから論理的思考になるのです。だからといって霊的に高い、低いという事ではありません。

今論理的思考でも過去世では霊的に高い人であったかもしれません。ですから、法則を理解できないからといって、論理的な人は良いとか良くないといった定義づけをする事はできません。

人にはそれぞれの時があります。

まだその人にその時が来ていないだけです。まだ法則に対して心を開きたくないのです。それも良いでしょう。遅かれ早かれその時は来るでしょう。

決してその時が来ない人もいるでしょう。

それは各人の問題です。私たちは一般的なお伝えをしているのです。

宇宙時計があります。カルマ、トラウマの宇宙時計はあなた方が地球で取るアクションに従って動きます。

意識の目覚め、霊的向上にとって重要な時です。あなた方が今取るアクションは過去世やパラレルワールドにも働きかけ、全てが連動して動くようになります。

ですから、運命とはあなた方が描くものです。

あなた方が何らかの原因で実現できなかったプロジェクトは、プロジェクトを変更して進み続ける事により、霊的向上に向かう事ができます。

自分を取り囲む条件が適切でなければプロジェクトを練り直し、他の事をすれば良いのです。あなた方のカルマ、トラウマをクリーニングしながら意識を上げて進んでいくための他のプロジェクトを見出していけば良いのです。

全てアセンションを遂げていくため、地球に降り注いでくるコスミックエネルギー、コスモスの法則に従って進み続けていくための自己を準備していくためのものです。**これが生きるという事の鍵です。**

地球に大量に降り注いでくるエネルギーを受け入れる事ができるように霊的に準備する事、肉体的に準備する事です。

あなた方が準備できれば、あなた方の肉体、神経系、ホルモン分泌系、アミノ酸システムは、何の抵抗もなく自然にエネルギーを受け入れていくでしょう。

肉体は宇宙の意志に従い順応し機能していくでしょう。

このテーマは非常に重要なものです。

多くの人が、感情的、肉体的なエネルギーパターンが今のエネルギーに合わず苦しい思いをし、自己逃避しようとしています。そして更に問題を作り上げていきます。

一つ問題に出くわすと更なる問題を作り、そして更なる問題へと繋がります。

本物の「スピリチュアリスト」とは
宇宙と大地に根付き、
人として社会の中を生き、
同時に宇宙の法則に
同化する事ができる人です。

一つの問題が解決しても問題はまたやってきます。それが地球全体で起きている事です。

それは人が霊性に目覚めないからです。

社会では互いに競い、批判し、争っています。そのようなエネルギーは、進んでいく上で本来作り出す必要のないものです。

自分たちが誰であるか理解するために、自己批判をしてみて下さい。

自分が人に対してしてきた事を理解すれば、人を批判しなくなるでしょう。

まず、自分の欠点、自分の弱さを見る事です。

そうすれば人の中に自分の鏡を見出す事ができるでしょう。

人の中に自分の汚い面を沢山見つける事ができるでしょう。

その汚い面を今クリーニングしなくてはならないのです。自分自身に正しくあるようにして下さい。

あなた方は今の社会の写し鏡となっています。

それは、社会の問題に興味を抱き、社会の問題と自分を混同しているからです。

それでは社会の大衆意識と同じ周波数を生きる事になります。

ですから、大衆意識に対して扉を閉ざし、自分の意識を大衆意識の波長と合わせないようにして下さい。

自分自身のエネルギーを高めるように取り組んで下さい。

自分の中にある光、ハイヤーセルフと繋がるように取り組んで下さい。

自分のカルマ、トラウマをクリーニングするよう取り組んで下さい。

宇宙時計が加速して機能するように取り組んで下さい。

そうすれば、アストラル界、霊的世界が動き出し、深いクリーニングがなされるようになり、気づかない内に自分の霊的、物質的人生においてポジティブな結果を得ていくようになります。

以上の事をよく理解して、人の事を考えたり心配するのはやめて、まずは自分に焦点を合わせるようにして下さい。

考えがころころ変わる人が増えています
——時間の変化と直感の重要性

ご存じの通り一年の四季は変化してきており、夏も夏でない、秋も秋でない、冬も冬でない、春も春でない、何かが変わってきている、何かが変化しつつあるという事に気づいている人も増えてきています。

気づかない人は昔のパターンを生きているからです。

若い人でも気づかないのは、新しいテクノロジーに囲まれた生活をして地球や自分の国に起こっている事から目をそらせているからです。

この変化に恐れを抱き知りたくないと目をつむる人は、現象の向こうにあるものを考える事なく、差しさわりのない生き方を物の世界の中に見出し、自分の生活が変わらないようにと物事の真実から身を隠して生きています。

しかし、時はやって来ました。更に力強くやって来ようとしています。

今日は、地球の大変化が始まる事をお伝えしたく思います。

一年の四季は急激に変化してきています。夏に温度が下がり、この季節と関わりのある昆虫たちの変態期が遅れたり、中には全く姿を見せないものもあります。

花も同じです。自然界を見れば気づくものです。

気づかない人は、地球の様々な変化に対して目をつむり、頭の中で昔と同じ状況を生き続けているからです。

しかし、十五年、二〇年、四〇年前と同じように生きるのは不可能です。エネルギーが変わっているからです。

常々お伝えしているようにアセンションの道は容易ではありません。個人のアセンション、グループのアセンション、人類の意識レベルでのアセンションがあります。

しかし、アセンションしたくない人も沢山いるでしょう。アセンションのドアの前で留まる人もいるでしょう。

アセンションに向かおうか、やめようか、迷っている人たちもいます。

自然現象、人々の生活、人々の考えを観察していれば、一日で人が考え方や生き方を変える事に気づくでしょう。

しかし自分では、自分の言う事、思う事、考える事が変わっている事に気づいていない人も多いのです。

ここにも大きな変化を見出せます。自分の考えや生き方を、意識的にコントロールできなくなっています。

アセンションとは何を意味するか実際に理解するためには、あなた方の意識を変えなくてはなりません。

速いスピードで起こりつつあるこの現象を理解するためには、法則に対して意識を開く事が必要です。

法則とは人類が霊性に対して目覚め、調和とバランスの中、前に向かって進んでいけるよう

に導いている世界です。

そのためには眉間の奥の膜（クリスタル）を開く事が求められています。

ご存じの通り、前頭部の奥には生存に関わる中枢組織が存在しています。そこに法則を理解し、アセンションするための鍵があります。松果体、下垂体、視床下部のある所です。その三つの部分を開きアセンションの道を進み続けていくためには、法則を理解し意識を変える事が必要です。

そして今起きつつある事象を理解し、自分のエネルギーを一段高いエネルギーへとシフト（移行）させていくのです。

この変化には日々の努力が要求されます。

自己のクリーニングを行い、心を開き、自分を理解し、これから先何をしなくてはならないのか、何を探さなくてはならないのか、地球や自分の国で現実に起こっている現象を通して何を理解しなくてはならないのか、知ろうとする努力です。

周りで起こっている事は、自分の人生を通り過ぎる「そよ風」です。「そよ風」は、非常なスピードで何かが変わっているよ、と伝えています。

しかし、あなた方の多くは気づいていません。

そよ風が通り過ぎても何の結論を見出せないままでいます。これからの自分の役割、人類の役割は何なのだろうと、考える事すらしていません。

個人の役割、グループの役割、グローバルな人類の役割、ここは日本ですので、あなた方の国、日本の役割といったものは何なのか。アセンションは、容易なワークではありません。

アセンションは理解するのが難しいですが、自分のエネルギーを法則に対して開けばどのように進むべきか理解するでしょう。

そのための秘訣は何でしょう？ **直感です。** 今起こりつつある事、これから起ころうとする事を理解するには直感が必要です。

何かを直感するとは、何かが起こるかもしれないと感じる事です。何かの予感を得る事です。これから来る事、起こるかもしれない事を理解するには、直感を働かせる事が必要です。

そうすれば危険を避けるために生き方や道を変える事ができます。何かが起こるかもしれないと警告してくれます。ポジティブな事であれば、何かポジティブな事、良い事が起こると気づきます。

直感とは、神意識を通して感じる、理解する事です。この直感を培わなくてはなりません。直感する能力を養うには努力が要ります。

もちろん、生来このような素質が備わっている人もいます。

深いカルマやトラウマが少なく、美徳を積んでいたりして大きな霊的感性が備わっている人です。

では、そういう人々は努力しなくても全て順調に進んでいくかと言えば、それは違います。他の人たちと同様、直感を働かせるという意図を持ち、それを培う努力をしなくてはなりません。直感は限りなく重要なものです。

直感は、一瞬の事です。一秒もかかりません。どうしてか分かるでしょうか。簡単です。**その一瞬のうちにあなた方は霊的時間、法則、神々、光のヒエラルキーと繋がるからです。**時間が直感を得るための主役です。

今時間が変わりつつあります。霊的時間、即ち神聖な多次元の時間の影響を受けて地球の時間が変わってきています。地球の三次元的時間と霊的時間は異なったものです。

霊的時間というと難しく聞こえるかもしれませんが、あなた方があの世と呼んでいる死後のアストラル界の時間は、あなた方の世界とは違うという事を多くの人は本能的に認識しています。

しかし、今地球に降りてくる霊的時間とは、そのアストラル界よりも更に精妙なエネルギーの世界の時間です。

今まで地球では、自分の肉眼で見る事ができる地球の法則が支配的でした。

しかし、今地球に降りてきつつある霊的時間とは、いわゆる二十四時間である三次元的時間の上に存在する直感、霊性、意識の高みです。

霊的時間の変化により自然は大きな変化を迎えつつあります。動植物や昆虫類の生態系、海洋、湖、川、山々の生命体系が変化しつつあります。時間が変わってきています。

ですから四季も大きく変化しているのです。

では、これからあなた方は何をしなくてはならないのでしょうか。時間があなた方を変えてくれるのを待つのでしょうか。それはノーです。

あなた方から霊的時間に合わせていかなくてはなりません。ここが大切です。

合わせる事は、今まで通りに普通に生きていく事ではありません。あなた方の中に神、法則を探し求めて生きる事を意味します。

いくら肉体的に過酷な修行をしても、意識を高めるよう努めなければ、そのような霊性、霊的直感を得る事はできません。

肉体は有限です。限界があります。

神意識、霊的時間には限界がありません。ですから、精神を支配できるものは肉体を支配できると言うのです。

直感により、松果体、下垂体、視床下部を通して神法則、霊的時間と繋がる事ができれば、高いレベルの情報や神の光を受け取る事ができます。

身体も新たな時間やアセンションの進みに沿って進む強固な肉体に変えていく事ができるようになります。

あなた方は新たな体、霊的時間に即したエネルギーを作り出す筋肉を培っていく事になります。

それが、あなた方がしなくてはならない事、霊的時間に合わせて行く事です。

霊的時間が、あなた方が見ているもの、自然界、小動物など全てを変化させているのです。

あなた方はいつも過去と比較しています。過去にも夏こんなに気温が上がった年があった、と言います。

しかし、過去は過去です。今は今です。今を生きていかなくてはなりません。

以前人はもっと背が低かったけれど今はもっと高くなった、以前はパソコンはなかったけれど今はある、というように時代が違うのです。

ですから時代と共に進んで行かなくてはなりません。

時代と共にあるためには、時代の流れに従い自分の意識や精神力を強化、進化させていかなくてはなりません。

あなた方の頭の中には昔のパターンが存在しています。

ご存じの通り、あなた方に意識パターンを高めてほしくないと望んでいる勢力があります。あなた方を地球の現状に拘束し、地球もあなた方も高みに向かわないように懸命に仕向けています。

そのために彼らが利用するものは何なのでしょう。**あなた方の唯物的思考です。**あなた方の心を喜ばせ、バーチャルリアリティに釘付けにしておくためのチップテクノロジーです。娯楽、ディズニーランド、ユニバーサル・スタジオなどは、今まであなた方の心を温め、慰めや満足を与えてきました。

しかし、これからはあなた方が作り出す機械とかいった「物」ではなく、あなた方が今感じているもの、神の愛、人間同士の融合、結束といったより高いエネルギーに、自分の心を温め満足していくすべを見出して行く時代です。

それがよりアセンションに近いものです。

社会の変化、あなた方が興味を持つ対象が急に変わる、これは自然の事です。

法則を求める人は、変化の時を感じています。

地震や津波などについて話す人が沢山います。テレビ、新聞、インターネットなどで予告している人たちもいます。

でもそのような事は意に介さないで下さい。

日々内なる自分を探し求め、物中心でない生き方を学びながら懸命に生きて下さい。

たとえそれが本当であったとしても、そのような情報に惑わされない事です。

あなた方は何を信じるのでしょうか。

人が言う事でしょうか。

自分が心の中で感じる事でしょうか。

そういった外の情報はあなた方の精神的バランスを崩します。もちろん情報を流す人にはそのような意図はありません。

しかし、望まない形でそのような意図作りに貢献しています。そしてあなた方はすぐ納得してしまいます。

もっと自分を持って下さい。自分を見て下さい。起こるかもしれないけど、起こらないかもしれない、ポジティブな方を見て下さい。

そんな事は起こらない、自分を変える、地球は幸せである事を望んでいると思う。もし様々な現象が起こったとしても、それは人が言うから起こったのではなく、必要だから起こったのだと認識する事が大切です。

地球は地形的変化が必要です。

それは、太古から人類が幾度となく築いてきた文明の中で生み出してきた膨大なネガティブエネルギー、汚れたエネルギーが地球に蓄積されているからです。ネガティブエネルギー、汚れたエネルギーを生み出す文明とはどういうものでしょうか。あなた方の文明がしている事だけでも見て下さい。

自然を守ろうと言いながら、未だに原子力エネルギーを支持しています。

人口が減少しているにもかかわらず、家を建てるのに際限なく山々を切り崩し続けています。

エコと言いますが、口にする事と全く別の行動を取っています。

考える事と行動が違っていれば意味がありません。

あなた方にとって自然を守るとは何なのでしょうか。守ると言いながらどんどん自然を破壊しています。それでは何の意味もありません。**全てあなた方のエゴから来る矛盾です。**

金儲けをし続けるためには自然を破壊し続けなくてはならない。売れなくてもどんどん家を建てなくてはならない。経済はすでにそんな状態にはありません。

人々のポケットは空になりつつあります。

いくら建てても入居者の決まらない家は増えるでしょう。

誰が買うのでしょう。

誰が借りるのでしょう。

それでも建設会社や銀行は、わずかに残っている緑地をも崩し、何が何でも家を建てようとしています。

誰にも住まわれる事なく、そのまま老朽化していく家も出てくるでしょう。もうすでに住宅は十分に供給されています。

これはあなた方の国で行われている馬鹿げた不当な生き方です。必要以上に物を作る事は間違っています。

食料も同じです。魚をどんどん獲りまくり、他の魚のえさとなる稚魚まで釣り上げ、海の生態系を壊しています。

海に存在するのはあなた方が消費する魚だけではありません。あなた方が消費している魚は、海において更なる役割があるのです。

それは海のバランスをもたらす事です。

ご存じの通り、海には海草やプランクトン、様々な貝や甲殻類、サンゴ、鉱物などが存在します。その中で調和が保たれるためには魚がいなくてはなりません。

誰が海に存在するものを食べるのでしょう。魚です。海草やプランクトンが過度に増えれば海のバランスが崩れます。そのために小さな魚も大きな役割を果たしています。

あなた方が無差別に大量の魚を捕獲してしまえば、魚の繁殖にも影響し海のバランスを崩し将来の漁業への蓄えがなくなります。

そのように、それぞれが生存していくために互いに食べあう食物連鎖があり、その上で自然界の調和が成り立っています。

乱獲が続けば海はやがて空っぽになります。

あなた方人類は大きな倉庫を設け不必要なほど大量の食料を保存しています。

ご存じでしょうか。

売れなければ古くなり捨てています。

これほど困難な時代に、何のためにそんなに食料が必要なのでしょう。あなた方もご存じの通り、アメリカでは水が不足し、オーストラリアやカナダでも川や湖が干し上がっています。ロシアもそうです。それら大麦、小麦、大豆などの巨大生産地で水が不足してきています。度を越えた水の乱用によるものです。

ご存じの通り、気候が変化してきています。

灼熱の夏、水不足。あなた方はこれからどのようにして生き残っていくのでしょう。どうやって食べていくのでしょう。もう考えているのでしょうか。

あなた方人類は、衛星を打ち上げ宇宙空間を汚し続けていますが、その宇宙ゴミは地球に跳ね返ってきます。

ガス、粉塵の形で、海、川、湖、大地、植物などに悪影響をもたらしています。

あなた方がしている事は人類の破滅に自らを導く行為です。あなた方は必要とする以上の事をしています。

地球はあなた方の自己中心的な思考体系に疲れています。

兄弟よ、今日は直感についてお伝えしました。

どのように進むべきか、アセンションに向かうプロセスはどのようになっていくのか、時代は安らかでも甘くもない事を理解して下さい。

法則の中をどのように進んでいったら良いのか考えて下さい。

各人が自分で考え、他の人が言う事やテレビ、ラジオ、新聞、雑誌などのマスコミやインターネットが言う事に足を引っ張られる事のないように。

あなた方自身が結論を出し、あなた方自身が正しいと思うものに従って生きていくように心がけて下さい。

外からのネガティブな情報に左右され、自分の考え方、生き方を変えたりする事がないように気をつけて下さい。

地球で起こっている現象は全て、地球が体験しようとしているグローバルな変化の一端です。

以前にもお伝えしましたように、二〇一三年から新たなサイクルがスタートします。

地球の調整が始まっています。

プレートの調整、海の調整、川の調整、湖の調整など全ての自然の力の調整です。

最近不可解な自然現象が世界中で報告されているようですね。

あなた方はもっと強くなるべく自分の内面を調《ととの》え、この変化を理解し受容して進んでいく事が求められています。

変化に逆らっても心配してもいけません。

ただこの変化を受け入れ、自分のエネルギーを変化させていく事が大切です。

精神力を引き出し、眉間、下垂体、松果体、視床下部を覆っているゴミを取り除かなくてはなりません。

それは自らを見つめ、日々の地道な努力の中、内なる力を発現させていく事によってのみ可能です。

ニュースやインターネットのネガティブなエネルギーや虚偽の情報を見ながらできるものではありません。

ネガティブな情報の裏には、あなた方の心がぶれる事を望んでいる勢力があります。

人々の心をネットに釘付けにし震撼させようとしています。

心配などネガティブ性を生みだすように仕向けています。

そのようなものの影響を受ける必要はありません。

意識を上げていくためには、地球の現実を認識し、この変化を理解し、現象を受け入れ、自分の心を堅固に保ち、光の存在として生きていく事に専念して下さい。

人類の起源と霊的性質について——コスモスとエネルギー他 ダイヤモンドチルドレン、クリスタルチルドレンとは

本日はあなた方の知らない興味深いテーマについてお伝えしましょう。

コスモスと関わるエネルギーと、あなた方一人一人についている守りの神々やガイドについてお話しします。

霊的歴史の中でカバラ（＊巻末語彙集参照）は、ずっと昔から存在しているサイエンスです。

人が生まれてから死ぬまで、一番関係しているエネルギーは何なのでしょうか。

七十二の大天使が存在しますがそれはカバラの七十二神であり、その七十二神のいずれかがあなた方が誕生して死ぬまでのエネルギーと深い繋がりがあります。

今日のテーマはあなた方の星、あなた方のコスミックレベルでの人生や地球での転生の細胞

の記憶、あなた方の守護神やガイド、神々との繋がりについてです。この教えはごく限られた人しか知らないものです。

各人は天意、即ちコスモスから与えられた波動を持って誕生します。コスモスの魂を内包して誕生します。

初めての地球での誕生において、あなた方は肉体が形成されるプロセスにおいて胎児の形をしていますが、その時コスモスにおける自分に関する情報を全て受け取ります。

その時すでにコスモスの守護の存在や神々がついています。

それは、あなた方一人一人の霊的進化のレベルに従い、コマンド、天使、トロナード（＊巻末語彙集参照）もしくはオリシャー（＊巻末語彙集参照）であったりするのです。

小さな子供が誕生前地球に入ろうと出入り口を探していた時、地球への扉を案内してくれた女の人がいた事を覚えているケースを最近耳にしましたが、それは真実です。

その地球への入り口を開けてくれたのはコスモスでのガイドや守り手であり、彼が地球に転生できるようにコスモスの周波数から地球の周波数への変換を行います。

その事が細胞の記憶のファイルに残り、覚えている子供たちがいるのです。

時の流れの中でそのファイルは消えていくでしょう。コスモスの記録のファイルを保持し続けるのは都合が良くないからです。

地球に住みながらコスモスの記憶を保持していれば、地球の濃密なエネルギーの中で生きていくのが難しくなります。

あなた方はコスモスに起源を持つ存在であるという事を知る事は、自分が誰なのか認識する上で必要です。

自分にはどのようなコスモスの守り手やガイドがいるのか、どのようなタイプの神々がついているのか、その周波数はどのようなものなのか。

そこにコスモスのモナド（ハイヤーセルフの源）（＊巻末語彙集参照）のテーマが生じます。

あなた方各人の周波数はどんなものか、あなた方各人の地球での役割、使命は何なのか。

あなた方の魂が地球に入り母なる地球の周波数で振動する時、あなた方の霊的、エネルギー的構造や周波数は変化します。

地球に着いた時、あなた方は各人のエネルギーに最も適した地球のエネルギーに同化します。

そのため、あなた方はある神と親密性があると言ったり、火、水、土、木、鉄といった地球のエレメントのどれかと繋がりが深いなどと言ったりするのです。

土のエネルギー、土の周波数のエネルギーを受け継ぎ大量に保持している人は、地球の磁気フィールドに入ってからも系統的にエネルギーが強くなります。

しかし、水やエーテル、風のエネルギーの多い人はエネルギー的に不安定です。火や土、ミネラルのエッセンスをあまり持ち合わせていないと系統的に弱くなります。

しかし、系統的に弱い人は他の人より劣っているとか、使命を果たせないとか、良い人生が送れないという事を意味するわけではありません。

そういった困難であるとかないとかの人生上の問題は、コスモスの時代のカルマ、トラウマ、即ち魂の重さによります。

今まで生きてきた生き様は全て魂に記録されているからです。

人は地球に誕生する時、コスモスの意識、その守り手、ガイド、時には神々を伴いそれぞれの周波数を保有し生まれてきます。

各人の振動している周波数は異なります。

地球に着くと、地球の法則、地球のエネルギー、地球の周波数を受け取ります。

地球のエネルギーとは火、水、土、風、エーテル、木、ミネラルといった母なる地球で生きていくための基本的なエネルギーの事です。

地球の神々のエネルギー、自然界のデヴァ（＊巻末語彙集参照）のエネルギー、それらも地球のエネルギーに加わり、あなた方が人として地球で肉体を持って生きていくための、基本的エネルギーとなります。

各人が保持しているコスモスの系統に従い、コスモスや地球でのカルマやトラウマに応じて短命であったり長生きしたり、より幸せであったり幸せが少なかったりしています。

あなた方のエネルギー体に刻まれているコスモスでの生き様、細胞の記憶によるのです。

各人は地球での波動の中、コスモスの起源の本質的な波動を維持し、コスモスのガイドや守り手、神々と繋がりながら生きています。

プレアデス出身の人はプレアデスのエネルギーで、シリウスの人はシリウスのエネルギーで、オリオンの人はオリオンのエネルギーで、他の星の出身の人はその星のエネルギー波動を持っています。

魂が生まれたその場所のエネルギーで振動しています。

自分のコスモスの魂が形成された場所の本質的なエネルギーを持っています。

そこから地球で幾多の人生を展開していく事になりますが、そのプロセスにおいて美徳やそれと反対のものを積んでいきます。

各人の存在は、各人のコスモスと地球の波動に従います。各人はコスモスと地球における時空を持っています。

アストラル界にもそれぞれの時空を持っています。**あなた方はスピリットであり同時に物質です。**ですから意識してもしなくても、霊的世界にも在籍しています。

あなた方は精妙な波動物質の一部であり、精妙な物質でできているあなた方の三十二体、七十二体（＊巻末語彙集参照）こそ、あなた方の肉体、遺伝、霊性を支えているのです。

ですからあなた方の今の地球における人生は、コスモスでどのように生きその後地球でどんな人生を送ってきたかという事、あなた方の周波数や系統と深く関わっているのです。それらに従い、遺伝、霊的性質に応じて、長い人生、短い人生を送ります。

例えばダイヤモンドチルドレン、インディゴチルドレンは大天使や天使のコスモスのフィラメントを持っています。

サン・ミカエルもそういった大天使の一人です。ダイヤモンドチルドレンやインディゴチルドレンは、コスモスにおいて、サン・ミカエルなどの大天使や天使の系統的周波数をＤＮＡを通して受け取っているのです。

何のためにそのような系統的周波数を受け取るのでしょうか。

地球における彼らの使命、即ち愛、調和、平和に向けて社会の変容、霊的変容において使命を果たすためです。

彼らは肉体的な存在ですが、霊的意識やエネルギーの中には大天使や天使のエネルギーが流れており、大天使や天使は彼らが人類に愛、調和、平和をもたらす役割を果たす事ができるように見守っています。

そのような子供たちは病気になる事も倒れる事もありません。

彼らは神々でも大天使でもありませんが、大天使、天使の意識の一部を共有しています。

彼らのＤＮＡは汚染されていないので病気にならないのです。

低次元のエネルギーで汚染される事もありません。

しかし、あなた方の社会には大きな問題があります。

彼らは多くの場合、両親のマスターでもあります。両親は彼らを育てるためには人として成長しなくてはなりません。子供たちから学ばなくてはなりません。

子供が二歳、三歳、十歳、十五歳であったとしても、彼らは自分の親のマスターなのです。

両親は彼らが肉体を持てるように協力したのです。

子供は地球を変えるために誕生すべく親を探したのです。

ですから子供に対する親の教育は重要です。時には、このような子供は霊的、精神的に非常に高い親の元に生まれる場合もあります。

反対に、子供が親が光の道を歩むように教える場合もあります。

しかし親が間違えれば、大天使といった光の存在により与えられた地球での使命を、子供が果たす事ができなくなります。

親の霊的、意識レベルそして環境が大切です。

そのようにコスモスの意識を思い出すような子供たちが地上に生まれています。

皆、自分は宇宙の一部であり、
神意識の一部であることを忘れています。
あなた方が探さなければならない事は
その神意識です。
あなた方は神の一部です。

先ほどコスモスから地球への入り口で、自分の守り手が、地球での冒険の道を進むように道案内してくれた事を思い出す子供がいるとお伝えしましたが、そのような子供の多くは地球での体験があまりありません。

四〜五回の転生、もしくは初めて地球に誕生したケースもあります。

これらの子供たちはスーパーインテリジェントです。生まれながらにして神知性が備わっています。

ここで何が問題となるのでしょう。地球の濃密なエネルギーへの適応です。

地球の社会制度、教育制度により生み出される濃密でアグレッシブなエネルギー、愛の欠如したルール、政治により仕向けられた競争社会への適応です。

一般の子供は論理と理屈を使います。

本に書いてある事を何時間も何時間もかけて丸暗記しますが、試験の答案用紙に書く事はみな本の中に書かれています。それは知性ではなく詰め込みです。

神知性はそのようなものではありません。

今の社会の頭の良い人とは、頭脳のメンタル体下位に情報を蓄積し、それを語ったり紙に移したりする事ができる人の事を言います。

神知性はスーパーコンピューターをはるかにしのぎます。大天使、天使の霊的知性は法則そのものです。

数学、物理学、科学や経営学など何も学ばなかった子供が何もかも分かるのです。

その子供の遺伝子には神知性、周波数が備わっているからです。

それは自然の現象です。神々の子供です。

そのような子供たちがこのような愛のない濃密なエネルギーの地球に誕生しつつあるのです。

地球の政治家、科学者、化学者が犯している誤りを人類に教えるためです。

神知性は宇宙に、地球に存在する最も大きな知性です。時にはそのような子供たちには神々と通信する能力が備わっています。

神知性に恵まれた子供たちは、地上に神意識、神の愛、調和、平和の波動をもたらします。

そのような子供たちは常に光の存在と共にいます。

彼らは光の存在により与えられた周波数を保持しているので、彼らの周りは常に調和で満たされています。

あなた方もご存じの通り、そういった子供たちが世界中に現われています。

幼い子供たちがベートーベン、モーツアルト、ヴェルディなどの曲を弾きこなしたりしています。

それらかつての音楽のマスターたちは、法則の世界と繋がっていました。

法則の情報の世界はアカシックレコードとして存在しています。

子供たちはそういった高い周波数領域のアカシックレコードに自由にアクセスできるのです。

一方あなた方の社会では、親は子供の塾通いに懸命です。

それでは、子供の自由な創造の力は芽がつまれてしまいます。

なぜ自然界の法則に従って子供を育てようとしないのでしょうか。

地球で生きていくために自然な教育を提供しないのでしょうか。

いくら論理的な教育をしても社会を幸せにするためには役に立っていません。

今社会がどうなっているのかよく観察してみて下さい。

政治、経済、金融、エネルギー、教育、宗教、あなた方の社会制度は全て行き詰まっています。その中に住んでいる人間は退化に向かっています。

本日のテーマに戻ります。

コスモスの魂、モナドの周波数についてお伝えしましたが、そういった各人の持つ波動は、あなた方の現在の日常において重要な意味があります。

あなた方は働いたり勉強したり沢山の活動をしています。あなた方は、意識的無意識的に、信じようが信じまいが、神聖な波動の中でそれぞれのガイドや守り手、神々と共に生きています。

自分自身の波動、即ち周波数に従い、満足する人生を送れたり苦しみの多い人生であったりします。

しかし、この重要な時期にあなた方があるレベルの周波数の中を生きていくためには、今天空彼方から降り注いでくる宇宙の本質的なエネルギーに応じて、自分の考え方や生き方の周波数を変えていかなくてはなりません。

時代に沿って生きていけるように努力すれば、今の自分のエネルギーをより大きなエネルギーへと変えていく事ができる時代です。

時代に沿って生きるとは何を意味するのでしょうか。

自分に向かって降り注いでくるエネルギーを研究し、深め、活性化させて、そのエネルギーの意志に従って生きていく事です。

分かりやすく言えば、自分の本当の姿や力を発見するために、自分の内側の世界を開いていく事を意味します。

論理的思考に従い自分に限界を作るのをやめて、自分の未知なる部分を知ろうとする事を意味します。

神々、あなた方のガイド、守り手、時にはあなた方の先祖も、あなた方が自分のエネルギーを高めアセンションを遂げるように協力しています。

しかし、あなた方は自分が主役でありながら、前に向かって進めるよう周波数を進化させていくチャンスを逃してしまっています。

コスモスは非常に速いスピードで変化しています。

地球もコスモスに従って変化しています。地球もコスモスの一部です。

あなた方もコスモスの一部です。

コスモスが変わり地球も変われば、あなた方も同じ速度で変化していかなくてはなりません。変化しなければ、あなた方は時間の中に取り残されていきます。それではあなた方は新たな時間をエンジョイする事はできません。

未来の時間をエンジョイする事はできません。肉体、細胞、細胞の記憶、ホルモン、脳を高いエネルギーに変える事はできません。時間の中に取り残されていきます。それは何を意味するでしょう。

あなた方のエネルギーは落ちていき、病気、霊的問題、エレメンタル、バクテリア、ウィルス、憑依霊などの標的になったりするのです。

エネルギーが下がれば、それらが自分の体に入るチャンスを与える事になります。

あなた方が新たな周波数、波動、時間を通して神聖な次元に入れば、あなた方は法則と共に、光と共に、進むでしょう。

そうでなければ過去の時間に残る事になり、自分の過去に入っていく事になります。

自分の波動、周波数、次元を進化させ高めようとしなければ、過去のエネルギー、即ちパラレルワールドに囚われたままになります。

意識を高めるとは、波動を高める、周波数を高める、従ってシンクロする次元を高める事を意味します。

あなた方がより高い周波数で振動すれば、過去の時間に囚われる事はありません。

あなた方が過去の問題を考え、あなた方の意識を過去に戻したいという勢力が存在しています。

以前はああだった、でも今はこうだと、常に過去を振り返っています。

常に過去や過去の苦しみを思い返しています。

また、自分は繊細で影響を受けやすいのでこの世は生きるのが難しいと思えば、自分で困難な人生を肯定する事になります。

それでは自分でそのエネルギーを受け入れる事になります。

自分でその過去のエネルギーを受け入れて幸福になろうとする努力をやめる事になります。

自分をよく見て下さい。あなた方はコスモスと繋がっています。

コスモスのガイド、守り手と繋がっています。

地球のガイド、地球の守り手とも繋がっています。

遺伝、血液のエネルギー、霊的物質を通して先祖とも繋がっています。

法則の中を努力して進み続けて下さい。

これからは進めなくなる人も沢山出てくるでしょう。

過去のエネルギーと振動し始め、光の存在と繋がる代わりに前に向かって進んでほしくない存在と繋がります。

何か問題があれば、その問題がどこから来ているのか内省する事なく、すぐ薬や物の世界に駆けつけ自分の内側の世界をごまかして進もうとします。

しかし、もう引き返す事はできません。常に法則の中を前に向かって進み続ける時です。

自分の波動を高めるための道を見失えば、自分の次元を高め新たな次元に進むための道を見失えば、過去の過ちに陥ります。過去世で関わってきたネガティブな存在たちと、再び繋がりを持つようになります。

霊的高揚、意識の高まりが欠けているからです。

ですから、光の中を高まりたい人はそのための努力をして下さい。

自ら決意して、前に向かって進んでいく時です。

あなた方が進んでいけるように、人があなた方の代わりに何かを決意する事はできません。

天の贈り物、光の贈り物に値する人たらんと努力して下さい。

そうでなければ闇の存在のつめに引っかかりそこから身動きが取れなくなり、今まで努力して得てきたもの全て失う事になるでしょう。大きな損失です。

自分だけが光か闇を選択できます。私たちは、光の情報伝達者です。それ以外の何者でもありません。

宗教的従属意識——輪廻転生のプロセス

地球の兄弟たちよ。今日は、宗教への従属と、間違った信仰についてお伝えします。

今、生前宗教をやっていた沢山の魂が道を見失い存在している空間を観察しています。時間も未来もない空間です。

カトリック、プロテスタント、仏教など宗教宗門宗派にかかわらず、それらを信仰してきた多くの魂たちが、実存しないファンタジーの世界、パラレルワールドに閉じ込められています。

そこは時の流れも、神の光もない空間です。

自分たちがその神を信じていたにせよ、信じさせられていたにせよ、自分が確信もなく宗教に従属してきた人たちは、肉体を脱いだ後、多くの魂が閉じ込められている世界へと行きました。

そこはネガティブな勢力のなすがままの時空の世界です。

その空間では、あなた方がスピリットとか魂と呼んでいる者たちが、そういったホログラムの世界に閉じ込められ、太陽も、光も、愛もない世界をさまよっています。

狭い空間を共有しあっている沢山の宗門宗派があります。そこには、彼らが祭っていた神々は存在しません。

現在肉体を持って生きている人の多くが、過去世で宗教家だったり信者だったりしたので、宗教的カルマやトラウマを抱えています。

ですから、あなた方もご存じのように、自分を責め、自己批判を繰り返し、自分を愛していない人が多いのです。

それは、幾多の過去世において宗教に従属してきた事によるものです。

死後、存在しないパラレルワールドに行き、無知により作り出された宗教上のカルマをもって地上に転生してきます。地上に転生しても宗教的コントロールマトリックスに従属した人として誕生します。

社会を見て下さい。社会にはネガティブで複雑な人たちが沢山います。その魂の多くは、古い宗教出身です。厳格な教えの下、神を恐れ従属する事を強要されたのです。

その神や宗教の上に立つ人たちにたてつけば、罵倒されたり破門されたりしました。宗教組織に属していても、神を信じるのではなく人を信じ従属しようとすれば、自分の中に矛盾やカルマ、トラウマを作るようになります。

この重たいカルマ、トラウマを持って死ぬ事になり、死後閉ざされた霊的空間に行き、転生しても宗教的従属意識を持って生まれる事になります。

その多くは再び宗教に戻り、意識は実存しないパラレルワールドに閉じ込められたまま、宗教に従属し続けるようになります。

このように輪廻転生のプロセスが繰り返されるのです。

今の社会にも偽りの宗教は沢山存在し、無条件の愛と喜びの中で社会に奉仕している人々の活動の邪魔をしています。

宗教が退廃に向かっている現状を見て下さい。宗教の多くが、神の意思、宇宙の法則に沿っていないからです。

人類は経済的にも困難な時期に入りつつあります。宗教は神の愛を探す代わりに、資金集めに奔走し、信者を魅了するために立派な建造物を作ろうと四苦八苦しています。

神はそのような物の中には存在していません。

本物の神々は、人類が地球の調整期を乗り越え、アセンションのプロセスを進み続けていく事ができるよう手助けしようと全力を尽くしています。

これが、今この時、地球において神々が果たそうとしている主要な役割です。

地球のあなた方だけではありません。生命形態が存在する沢山の惑星が、調整、アセンションのプロセスの中に置かれています。

太陽系だけではありません。銀河系にある全ての惑星が同じプロセスにあります。

二十一世紀となった今は、宗教は、霊的人生において支配的な役割を持っていません。

宗教は衰退期にあるからです。

宗教を守り支えていた神々は少しずつ力を失い、人のエゴ、組織の傲慢なあり方を前にして神々も堕落したくないと考えています。

あなた方は神を信じるのではなく、宗教組織の指導者を信じています。

指導者は何か貢献したので神の代表のように思われていますが、誰も神の代表にはなれません。

神は高いレベルの生きたエネルギーであり、人間にはそのエネルギーを人に伝える能力はないし、神と見なすだけの霊的、感情的、精神的な力はありません。

まず、高い神々はあなた方の物質的社会を共有していません。

あなた方のように二元性を生きていません。

神々は高い周波数の世界に住んでおり、その本質は純粋な愛です。

もちろん、厳しい神々とか優しい神々といった性質はその役割に応じて存在します。

人間は常に「神の名の下に」という言葉を使い意思表示します。しかし、人間は「神の名の下に」話をしてはいけません。

あなた方は神の立場にはないからです。

神と共に進むものです。

あなた方は神ではありません。

人類は、自分のエゴ、狂信的な信仰で人々を指導しようとしますが、それは間違っています。

そのエゴと狂信性、自分は指導者であるという自我意識が宗教を堕落させています。

神の前では指導者も新参者も同じです。ただ指導者の方が宗教歴が長いというだけです。

そのように間違った信仰、誤って理解した信仰、宗教に対する従属により、死後沢山の魂が束縛されているのが現状です。

それらの魂はいつ転生が許されるか分かりませんが、仮に転生できたとしても、死んだ時と同じカルマをもって誕生します。

神々、銀河連邦、銀河連合、大天使も、闇の支配下にある実存しない世界に対して穴を開け、光で照らすために立ち働いています。

人類がアセンションできるように導いている彼らの働きのプロセスにおいて、人や魂の救いがあるのです。

アシュター・シェラン、銀河連邦、銀河連合、大天使、シュタリエール、ミカ、サナト・クマラといった存在の働きは、想像をはるかに超える大きなものです。

膨大な数の神々や大天使が、人がエゴ、狂信により作りだした闇の世界に光をもたらすために働いているのです。

宗教は長い間、人間が人間をコントロールするために使われ、そのコントロールしている側の人間も、闇の世界が人類をコントロールするのに使われてきました。

あなた方は、そのような落とし穴に落ちないよう、常に自分たちの意識を高め、法則の中を進んでいくよう努めていかなければなりません。

宗教的従属により、魂がどのように闇の世界と繋がるかというプロセスをお伝えしました。

また宗教ばかりでなく、何かに対する依存、自らを信じる事ができない弱さ、物へのこだわりは、自らの創造性や法則に従いアセンションの道を歩んでいく上での大きな妨げとなります。

こういった状況を理解し、自らを乗り越え進み続けていくために、勇気を持って自分自身と向き合って下さい。

プレアデス人とローマ

ローマ人を通してやってきたプレアデスの一族がありました。ローマ人は、フランスや現在のスペイン、ポルトガルがあるイベリア半島一帯を征服しようとしました。特に高い地位にあったローマの軍人たちの服装はプレアデス人たちと全く変わりません。皮革でできたブーツや軍服、槍や盾、特に兜（ヘルメット）はプレアデス人が使用していたものとそっくりです。もちろん戦いの服装だけでなく、市民生活の中で重要な活動をする時着用していた服装も酷似しています。

また、ローマ人はトップに皇帝を抱いていました。プレアデス、シリウス、オリオンなど、どのコスモスの文明にも皇帝や軍隊のコマンドがいました。星雲であろうが惑星であろうが、そこに存在する軍隊には長が存在します。武器を配備したり調達する事を意味するわけではありません。コマンドとは何かの長を指し示す言葉です。コマンドはある一定のルールや原則の下に、ある活動を行うために指令を与え組織する存在を意味します。愛を通して、もしくは愛ではなく権力を通して他の者を統治する事ができる存在です。コマンドの中には大天使、天使、神々など高い存在も含まれ、高い存在はコスモス、地球レベルで調和とバランスを取るために活躍しています。

私たちが話すコマンドは、そのように愛を通してコマンドするポジティブな存在の事です。そういった光のコマンドは、宇宙の法則に従い一つのグループもしくは幾つかのグループを指導し、コーディネートする能力を備えた偉大な長です。

プレアデス人も他の惑星の存在たちも、ローマ人のように軍隊やコマンドを持っていました。プレアデス人たちはローマ人を通してヨーロッパ全体を征服し、自分たちの文明や慣習を植え付けようとしました。ですからイベリア半島に残っているローマ文明もプレアデスと非常に強く関わっているのです。プレアデス人の中にも良いプレアデス人も戦争好きなプレアデス人もおり、後者は地球を占領し、自分たちの利益のために奴隷を作ろうとしました。

ローマ人たちは、征服した場所の各地で彼らの文化、法律、文書、神々を残しました。アラブ人と同じように、知識や技術も残しました。アラブはプレアデス人とは異なった他の星の文化を持っています。どの民族にも地理的な由来とコスモスと関わる霊的起源が存在します。

あなた方は当事の絵の中にUFOを見つけた事がありますね。その通り、当時のローマ人の中に神々がいました。彼らはシリウスやプレアデスなどコスモスの存在です。彼らは地球の神々ではありません。ローマ人が崇拝していたのは、人の姿に変身したコスモスから来た宇宙人です。プレアデス人はローマ人を通し、自分たちの支配力を広げるためにローマ帝国をヨーロッパに築こうとしたのです。

これもコスモスと今の人類の間の直接的な関係のひとコマです。他の民族についても言える事です。ご参考までにお伝えしました。

【新装版】あと書き

各銀河の中心からは、ダークマターの世界（科学で認識されていない高次の世界）から、銀河の物質化、膨張、進化に向けて、エネルギー、放射線が無限に放出されています。では、そのエネルギーは、今まで考えられていたように、そのまま自然に、宇宙の隅々まで到達しているのでしょうか。

もしそうだとすれば、地球は天の川銀河の端っこにある惑星ですが、NASAの科学者が警告したように、銀河の中心から放たれる超巨大なガンマ線などの放射により、地球に住む生き物は死んでしまうことになるかもしれません。しかし、現実は科学者が憂慮したようになっていません。

それは、宇宙の至るところで、エネルギーの中継センターがあるからです。宇宙は様々なセクターに分かれていて、各セクターの進化レベル、属する惑星や星の性質やそこに住む命の形態にとって、よりスムーズな進みが可能となるように、光線を調整した上で放射する光のセンターがあります。要はエネルギーの中継センターです。

そのセンターを「アルファ・オメガ」と呼びます。私たちの太陽系のエネルギーは、シリウス・アルファがセントラルサンとしてアルファ・オメガの役割を果たし、そこから調達されています。アセンションのプロセスに入る前は、プレアデスのアルシオネがその役割を果たしていました。

ジョルジェが多次元世界とコンタクトを取りメッセージを受け取るようになったのは、そのアルファ・オメガの多次元エネルギーを活用するクォンタムヒーリングのエネルギーに接するようになってからです。

現在アルファ・オメガはプレアデスのアルシオネと共に、太陽系の霊的中心として、宇宙の中心から来るエネルギーを調整し、太陽系、地球に届けています。そこでは沢山の大天使を始め、アセンディドマスターや神々など様々な存在が、担当セクターのアセンションのプロセスを助けるために、働いています。近年の太陽のめまぐるしい変化は、そのようなエネルギーの供給を受けて起こっているものです。そして惑星探査衛星が伝えてくる太陽系の諸惑星の大変化は、変化の真っ只中にある太陽からの放射線により、引き起こされています。

最近、それを裏付けするような大変興味深い記事を目にしました。

ブダペスト工科経済大学のシュライア教授が「太陽は自分でエネルギーを創っているのではなく、宇宙の外部から動力を得ている」との論文を発表したそうです。

更に驚くことには、その論文を読み記事を紹介したO氏は、「宇宙に無数にある太陽（恒星）のような仲介者を使うことにより、宇宙の中心のエネルギーを、銀河の隅々まで到達させることが可能になる」、「そのシステムにより、私たちの太陽も孤立した天体でなく、銀河系もしくは、それを越えた宇宙と永久に繋がっていることを示唆している」とコメントしています。

まさに宇宙のエネルギー供給の多次元システムを、地球の最先端の科学が発見したものをベースに、O氏はインスピレーションにより解明したものであると思います。あるレベルで最先端科学が、アルシオネやアルファ・オメガと太陽との関係を立証したことになると思います。

一般に地球の科学と宇宙の多次元科学との間には、大きな開きがあります。

しかし、今はフォトンエネルギーの時代です。意識を開けばこのように多次元エネルギーの世界と繋がるチャンスがあり、それがインスピレーションやメッセージとなり、今の科学を宇宙の真理、神科学《かがく》へと高めていくことができる時代だと感じさせて頂きました。

聖白色同胞団《ホワイトブラザーフッド》のメッセージは、地球の声であり宇宙の声であり多次元からの声です。私たちの中に彼らの声が届き、活かされるようになることを願ってやみません。

＊法則（霊的法則）：天意

＊コスモス：コスモスには、惑星、恒星、アストロ、星雲など宇宙に存在するもの全てをコントロールしている多次元的に展開する創造側の世界が存在します。

万物の根源の意思に従い、宇宙の創造進化のプロジェクトを進めていくために法則を創造し、秩序ある体系を生み出しています。その体系ある宇宙をコスモスと呼びます。

コスモスでは創造側の存在として、日の長老、多次元ポータルの長老、銀河のコマンド、生命工学エンジニア、大天使、天使、エロフィム、セラフィン、ケルビン、カルマ評議会（＊280ページ参照）、進化評議会（＊280ページ参照）などの様々な光のヒエラルキーやチームが存在する時空が多次元にわたり展開しています。

人の魂の根源である、ハイヤーセルフ、モナド、スーパーモナドもコスモスに存在します。

また、コスモスには光の世界と闇の世界があり、それは地球にも反映されていますが、同書では光の世界の方を紹介しています。

＊銀河のコマンド：銀河のコマンドは、宇宙の法則に従い神聖なプロジェクトを遂行すべく活動している、神々の中でも最も高い光の次元で振動している存在です。

コマンドというのは一つのヒエラルキーを表わし、軍とは無関係で、統括、指揮、コントロールする役割があるのでコマンドと言います。

四次元、五次元の存在から三十次元四十次元の世界に存在するコマンドがあります。

神々、大天使、天使などの中にもコマンドが存在します。

各コマンドは銀河宇宙のある特定のゾーン、特定の次元界を担当し、そのゾーンの調査、コントロール、守りなど特別な使命を持って活躍しています。

地球において銀河のコマンドは、人類を法則に従い創造した太古の神々であり、沢山のコマンドの中でもアシュター・シェランやサナト・クマラ、大天使ミカエルなどは世界で最も知られている存在でしょう。

アシュター・シェランは太陽系の形成時から太陽系の守護を任されてきたコマンドとして、無数の光の艦隊や光の奉仕者たちと共に、銀河系全体のアセンションを促すプロジェクトに従い、太陽系及び銀河宇宙の保護と進化のための指揮にあたっています。

地球のアセンションのプロジェクトにおいては聖白色同胞団と相互協力しています。

＊宇宙基地：様々な次元界から、コスモスや地球の存在の受け入れを行う地球における宇宙基地の事。

＊多次元ポータル：地球やコスモスの高い次元の存在が地球とコスモスを行き来するのに使用します。

天照大御神といった高い次元の神々はこの多次元ポータルがなくては地球には降りられません。

四～五次元くらいの物質界に近いところに存在する神々は、地球を移動するのにそのようなポータルは必要ありません。日本の幾つかの神社には、多次元ポータル「十一：十一」、「十二：十二」が存在する可能性があります。

＊宇宙テータとネバドン：太陽系は天の川銀河に属していますが、天の川銀河は、宇宙のカタログでは「ネバドン」と呼ばれるローカル宇宙に属しています。

ネバドンは天の川銀河と同じような銀河系が十万ほど集まって構成されています。

ネバドンは二元性の高い生命進化のための学びの場とされ、その中でも、天の川銀河を含む近隣の二十一の銀河系の集団を「テータ」と呼び、自由意志を尊重した生命進化の実験場として存在しています。

＊三十二のエネルギー体：私達の太陽系は、太陽系が属する天の川銀河と同じような銀河系が二十一集まって構成するミニ宇宙「テータ」に属しています。

テータは「自由意志で選択する」事を学ぶ場です。

人類は宇宙に起源があり、ほとんどの人類がテータ内の様々な星や惑星の、様々な次元空間で、沢山の輪廻転生をし、生命体として沢山の体験を積んできました。

地球では肉体からアトミック体まで九つの体を持って生きていますが、テータに属しているコスミック体（ライトボディ）とも繋がっており、それらを含めると各人には三十二の体があります。

そのうち、肉体以外は全て非物質のエネルギー体であり、肉体はちょうどエネルギー体の端末のような役割を果たしています。

＊七十二のエネルギー体：ミニ宇宙「テータ」は更にローカル宇宙「ネバドン」に属します。

およそ十万の銀河により構成されるネバドンに存在する更に精妙なライトボディ四十体を含むと、人は肉体を含め全部で七十二体持っている事になります。

テータもネバドンも宇宙のカタログ上の呼び名です。

＊カバラ：ユダヤ教の伝統に基づいた創造論、終末論、メシア論を伴う独特の宇宙観を持っている神秘主義思想。アブラハムがメルキゼデクから伝授された天界の秘密だとも、モーゼが律法に記し切れなかった部分を口伝として後世に伝えたものだとも言われています。

カバラは一神教でありながら多神教や汎神論に近い世界観に基づいています。（Wikipediaより）

＊多次元的存在：人は地球の物質界だけでなく、アストラル界やより高い宇宙（コスモス）の世界と振動しながら生きています。

夢の世界も潜在意識も無意識も物質界にあるのではなく、他の次元に存在する世界です。また、魂、感情、メンタルといったものも、霊的なエネルギー体として次元の異なる世界に存在しています。

ですから、人は皆、日常そういった多次元のパルスを受けながら物質生活を営んでいるのですが、一般的にそれを意識する事はありません。

しかし、そういった事に気づけば自分と多次元との繋がりを認識し、自分という存在の本当の姿に対して意識を開いていくための一歩となるでしょう。

＊変容：物事が内側から本質的な変化を遂げていく事。

＊モナド：ハイヤーセルフ（ＩＡＭ）の源。

コスモスには万物の源から誕生した無数のスーパーモナドがあり、一つのスーパーモナドからは沢山のモナドが生まれました。

そのモナドから無数のハイヤーセルフと呼ばれる「ＩＡＭ」が誕生し、人の魂はそのうちのどこかのハイヤーセルフと繋がっています。そこに魂の系統というものが存在します。

＊マヤズム：過去世や現世において人のメンタルや感情のエネルギーにより生み出された大量のエレメンタルのゴミ（霊的毒素）を意味します。

マヤズムは過去世のトラウマ的な記憶や家系のＤＮＡにコード化された遠い血縁の先祖の遺伝情報である場合もあります。

そのため、時にはマヤズムは遺伝子に刻まれており遺伝的な条件を備えています。

＊シャーマトリナ（3つの光）：人のハートの奥にはローズ、ゴールド、ブルーの3つの光からなる焔があります。日本人が心の太陽と呼んでいるものです。
このシャーマトリナを通してのみハイヤーセルフ（ＩＡＭ）と繋がる事ができます。

ハイヤーセルフと繋がるためには内なる自分を探し、このシャーマトリナをおおっている汚れ（ハートの詰まり）をクリーニングしていく事が必要です。

これは意識の高まり、アセンションに向かうための一つの条件です。

それを助けるためには、瞑想、ヨガ、ヒーリングなどの実践、意識を変えポジティブ性を高めるための様々なテクニックや日常の努力、自分を見つめ自分の中に幸せを見つける生き方、日常生活における「感謝と許し」の実践などが役に立つでしょう。

＊神：日本では、コスモスの高次の存在（コマンド、諸長老、大天使、天使、エロフィム、セラフィン、ケルビンなど）も地球のトロナード、コロナード、オリシャー、エシュー、デヴァも全て神々と表現されますが、本来、光のヒエラルキーの中では、神は万物の創造の源（根本創造主）のみを意味します。
地球の基本的プロジェクトや法則は、コスモスの法則に従います。

一般にそれを遵守するのが光のヒエラルキー、法則に反して進むのが闇のヒエラルキーです。

この光と闇のヒエラルキーの存在は、人類史の中に大きな二元性を生み出し、現在の人類社会の中にも色濃く反映されています。

＊ヒエラルキー：階級制度のこと。
人類社会でのヒエラルキーは、権力、社会的地位、資産、年齢など物質的な要素により上下が決まりますが、光のヒエラルキーでは、神聖な宇宙の法則に従い、存在の霊的次元の高さ低さにより自然に形成されます。

＊オリシャー：一般に神々全体を指します。

＊エシュー：エシューにも様々なカテゴリーやレベルがありますが、大まかに言えばオリシャー（神々）のメッセンジャーであり、アストラル界でのガードマン（守護神）の役割を果たす存在のことです。
一般の光の存在には届かないアストラルレベルの濃密で深奥な次元間世界まで入っていく事ができます。

オリシャーがエシューに化身して活動する事もあります。

寺院の守護神としてある金剛力士像なども東洋のエシューの姿の一例です。人の治癒において、霊的問題を扱うにあたり、エシューの力はオリシャーと共に不可欠なものであり、かつて日本では特に密教を通して繋がっていました。

＊トロナード（コロナード）：担当する各領域、専門分野にて指導的立場にある存在（神々）。トロナードとは王座にある者、コロナードとは王冠を戴いた者、どちらも長を表す言葉。

＊デヴァ：自然界のスピリット（動物、ミネラル、植物、妖精なども含みます）。自然のエレメンタルもデヴァの一部で、デヴァにもエレメンタルにも善悪の存在があります。

＊カルマ評議会：地球にも銀河宇宙にも存在し、十二人、もしくはそれ以上の光のメンバーにより構成される評議会。

そこではスピリットが光の法則に沿って進もうとしない時、「値の法則」に従いスピリットの想いの世界のエネルギーに値する次元、時空の世界へ移動する、そういった判断を下します。

＊進化評議会：いつかスピリットが進化し始めた時、そのスピリットが望めば、スピリットを

浄化し高めるために進化評議会の下へつれていかれます。

***レイキ**：大正時代に日本で生まれ、現在世界中に普及している宇宙エネルギーを活用した手当健康法。

***霊的人生**：人は誰でも学びのために肉体を持って物質社会に誕生します。そういった物質人生を通して霊的に成長していくプロセスを霊的人生と呼びます。

***コントロールマトリックス**：政治、経済、法律、宗教、医療、エネルギー政策、教育などを通して人類を意識、感情、心理的にコントロールし、従属させていくシステム。

***周波数防御壁**：太古の昔、様々な宇宙からの存在による権力闘争により地球が崩壊の危機にあった時、金星から地球の救済に来たサナト・クマラが周波数防御壁という電磁波による防御スクリーンを発動しました。

その事がきっかけで、その後様々な存在により、その時々の都合に応じて、周波数防御壁は消滅したり発動したりと繰り返してきました。

一九八〇年頃に、アメリカの探査機が地球から離れた時に、ヴァン・アレン帯にダブって存在する防御壁の輪が発見されました。

この防御壁が地球をスクリーンのように覆っていたため、太古の人類の創造神たちからは地球は消滅したように映り、地球は長い間アウトローの状態となり孤立した形で存在しました。

その事は地球の二元性を強化し、近年の人類史にも大きく影響しました。

現在、周波数防御壁により人類の意識はコスモスから孤立し、多くの人類はコスモスの時代を思い出す事はありません。

しかし、今は光の時代です。自らの意識の周波数を上げる努力をすれば、周波数防御壁のコントロールから解放され、起源であるコスモスの光の世界と繋がるチャンスが誰にもあります。

アウグスト・ジョルジェ・カンポス・ロドリゲス

マカオ生まれのポルトガル人。セラピスト。

レイキ、プラーナ療法を探求した先に宇宙（cosmos）のクォンタムヒーリングと出会う。

多次元の扉を開くクォンタムヒーリングとの出会いにより、自分のメンター（霊的指導者）と直接コンタクトを取るようになり、メンターに伴われ、様々な次元の世界、内部地球やコスモスの世界を旅するようになる。

同時に、メンターを通して、聖白色同胞団を中心とした内部地球やコスモスの光の存在から、人類、今を生きる日本の人々に向けられたメッセージを受け取るようになり、今日に至る。

現在、レイキ、クォンタムヒーリングのセミナーやセラピー、多次元のエネルギーを体験する瞑想会などをパートナーと共に随時開催。

高木友子　たかぎ ともこ

ジョルジェのコラボレータとして共にヒーリングを学び、ヒーリングセッションやセミナー、瞑想会などを開催。
共著として、『レイキ・光の存在・アセンション』（元就出版）
「悟ってアセンションシリーズ」（5巻）（ヒカルランド）
ホームページ　cosmicreiki369.com
連絡先　japanreikirelax@yahoo.co.jp

本作品は、2014年9月、ヒカルランドで刊行された『悟ってもっとアセンション』に修正・加筆した新装版です。

大きな浄化が起こる前に
［新装版］悟ってもっとアセンション
ホワイトブラザーフッドから超緊急の銀河メッセージ

第一刷　2018年7月31日

著者　A・ジョルジェ・C・R
高木友子

発行人　石井健資
発行所　株式会社ヒカルランド
〒162-0821 東京都新宿区津久戸町3-11 TH1ビル6F
電話 03-6265-0852　ファックス 03-6265-0853
http://www.hikaruland.co.jp　info@hikaruland.co.jp
振替　00180-8-496587

本文・カバー・製本　中央精版印刷株式会社
DTP　株式会社キャップス
編集担当　伊藤愛子

ISBN978-4-86471-668-0

ヒカルランド　好評既刊！

地上の星☆ヒカルランド　銀河より届く愛と叡智の宅配便

もっと悟ってもっとアセンション
ホワイトブラザーフッドが語った《日本の新しい霊的現実》のすべて
著者：A・ジョルジェ・C・R／高木友子
四六ソフト　本体 1,843円+税

悟って《今ここで》アセンション
見えない次元のチップによる人間クローン化が急展開中です
著者：A・ジョルジェ・C・R／高木友子
四六ソフト　本体 1,620円+税

悟って《もっと深く》アセンション
龍神とホワイトブラザーフッドの痛哭の叫び
著者：A・ジョルジェ・C・R／高木友子
四六ソフト　本体 1,620円+税

悟って《愛の波動へ》アセンション
集え！すでにアセンションを遂げた「光の存在たち」の下へ
著者：A・ジョルジェ・C・R／高木友子
四六ソフト　本体 1,685円+税

隕石美顔ローラーの使い方〈一例〉

気になるシワに

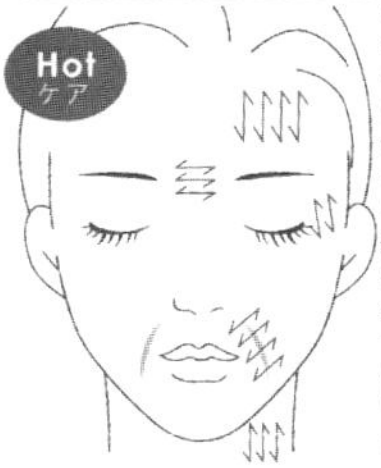

●額のシワ
●眉間のシワ
●目尻のシワ
●ほうれい線
●首のシワ

※ローラーを温めて使用すると効果的です。目もとや口もと等のシワに対して直角にシワを伸ばすようローリングしてください。

リンパケアに

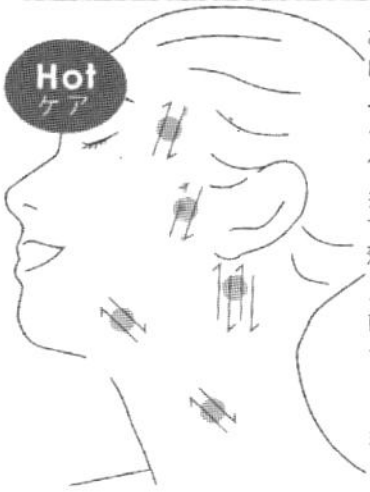

お顔のリンパ節をローリングして、ムクミの原因となるリンパの流れをケアします。

※ローラーを温めて使用するとより効果的です。

こめかみや耳の前、耳の下など触ると少しコリコリしている部分を優しくローリングします。

こちらもチェック!!

ギベオン隕石粉
■ 32,400円（税込）

●材質：ギベオン隕石（宇宙由来）
●容量：約20ｇ
※パッケージのデザイン・包装は変更になる場合があります。

非常に希少な特Aランクのギベオン隕石を粉末にしたことで、ストレートに隕石のパワーをご実感いただけます。隕石が持つ有益な遠赤外線の照射や、脳波を安定させる特性によって、不眠の改善、精神面の安定、体調不良に好い作用を与えていくことが期待できます。また、流れ星として地球にたどり着いた宇宙の叡智がいっぱい詰まった隕石粉には、その**宇宙由来の波動によって運気がアップ**するのか、使用された方からはさまざまな不思議な開運報告が寄せられるそうです。

〈使用例〉
体の不調な箇所にあてる／手の上に載せる／丹田・チャクラなど「気」のスポットにあてる／瞑想に使う／枕の下に入れて眠る／冷蔵庫の中に入れる（消臭に）／空気清浄機に貼る（洗浄力アップ）／ジップロックに入れてお風呂で一緒に浸かる

【お問い合わせ先】ヒカルランドパーク

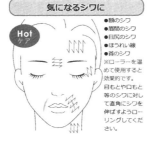

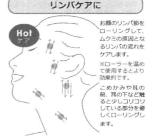

本といっしょに楽しむ ハピハピ♥ Goods&Life ヒカルランド

隕石+テラヘルツの最強波動コンビで
フェイスアップ&運気アップ☆彡

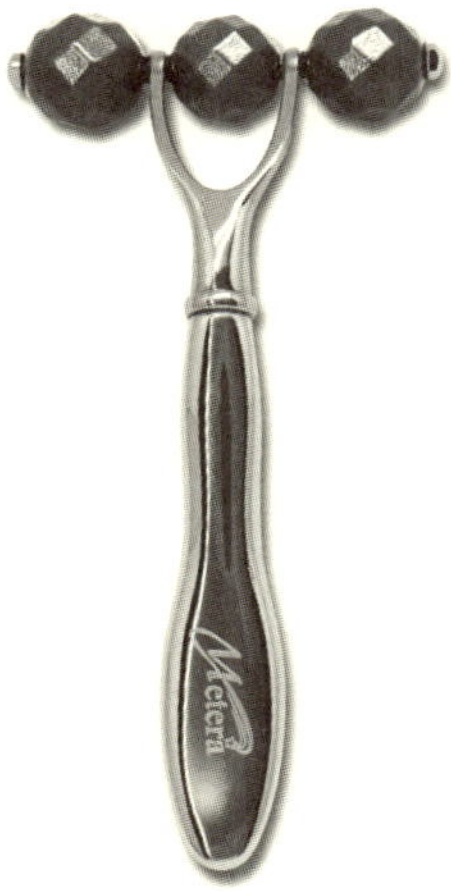

隕石美顔ローラー メテラ
■ 54,000円（税込）

●材質：ギベオン隕石（宇宙由来）、ポリシリコン（珪素）、ダイキャスト、ステンレス、シリコンゴム、真鍮　●サイズ：95×45×12㎜　●重量：約30ｇ　●ローラー本体は短時間で簡単に温めたり、冷やして使うことが可能

いつまでも若々しいお肌を保っていたい。そんな女性なら誰もが願う気持ちに応えてくれるグッズが、宇宙からヒカルランドパークに降臨しました！

それが「隕石美顔ローラー メテラ」です。多くのメディアに紹介され、隕石グッズを専門に扱うショップ「ビッグバン」の、通称・星の王子さんとヒカルランド社長石井との出会いによってヒカルランドパークでの販売が実現しました。**隕石のパワーを多くの人に知ってもらい、女性の健康や美をサポート**したいとの星の王子さんの想いによって、構想から３年を費やし完成した優れものです。

手のひらマッサージや首、肩のコリ、頭痛の緩和、目元やシワのケア、お顔のリフトアップに。さらに、リンパのケアやヒップアップにも効果的で、持ち手の部分でツボ押しもできます。職人さんの手により、最高品質のギベオン隕石をミクロレベルまで粉砕し、テラヘルツを一緒に混ぜて固めて作られ、効果が高まるよう形状やコーティングにもこだわりました。**隕石の有益な遠赤外線の波長や、血行促進、脳波を安定させる特性、テラ鉱石の優れた熱伝導**に、これらのこだわりが加わって完成されたローラーは、いつでも気軽にコロコロお顔などに転がして使うだけで、美を求めたい女性の願いが宇宙に届くかのように叶えてくれます。

ジオパシックストレス除去、場の浄化、エネルギーUP！
チェコ発のヒーリング装置「ソマヴェディック」

ドイツの電磁波公害
研究機関 IGEF も認証

イワン・リビヤンスキー氏

チェコの超能力者、イワン・リビヤンスキー氏が15年かけて研究・開発した、空間と場の調整器です。

内部は特定の配列で宝石が散りばめられています。天然鉱石には固有のパワーがあることは知られていますが、リビヤンスキーさんはそれらの石を組み合わせることで、さらに活性化すると考えました。

ソマヴェディックは数年間に及ぶ研究とテストを経た後に設計されました。自然科学者だけでなく、TimeWaver, Bicom, Life-System, InergetixCoRe 等といった測定機器を使用して診断と治療を行う施設の技師、セラピストによってもテストされ、実証されました。

その「ソマヴェディック」が有用に働くのがジオパシックストレスです。

語源はジオ（地球）、パシック（苦痛・病）。1920年代に、ドイツのある特定地域ではガンの発症率がほかに比べてとても高かったことから、大地由来のストレスが病因となりえることが発見されました。

例えば、地下水脈が交差する地点に電荷を帯びており、人体に悪影響を及ぼします。古来中国で「風水」が重視されたように、特定の場所は人間に電気的なストレスとなるのです。

ソマヴェディックは、心とカラダを健康な状態に導き、人間関係の調和や、睡眠を改善させます。ソマヴェディックの影響は直径30m の範囲に及ぶと言われているため、社内全体、または一軒丸々で、その効果が期待できます。またその放射は、ジオパシックストレスゾーンのネガティブな影響と同じように、家の壁を通過すると言われています。

ソマヴェディックは、診療所、マッサージやビューティーサロン、店舗やビジネスに適しており、一日を通して多くの人が行き来する建物のような場所において、とてもポジティブな適用性があります。

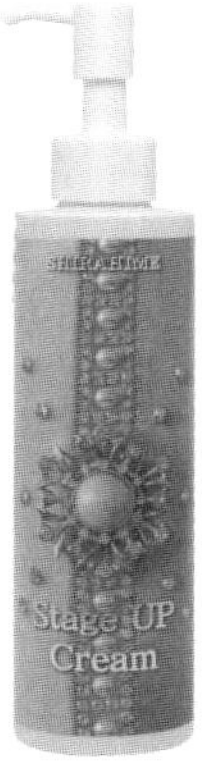

白姫ステージアップクリーム

■ 200mℓ　8,640円（税込）

●主な成分：エネルギー水、ホホバ種子油、ヒマワリ種子油、クダモノトケイソウ果実エキス、プランクトンエキス、ツボクサエキス、オウゴンエキス、イタドリ根エキス、チャ葉エキス、カンゾウ根エキス、カミツレ花エキス、ローズマリー葉エキス、ほか

●使用方法：クリームを体全体にのばしてなじむようにマッサージしてお使いください。夜寝る前、朝出かける前、お好きな時にご使用ください。運動効果を上げる目的の場合は運動前にお使いください。まずは継続することをオススメします。

※ライフスタイルなどを含めて使用効果には個人差がございます。

美をサポートし、女性から絶大な支持を集める大人気の白姫シリーズ

白姫ライトアップクリーム

■ 100mℓ　4,968円（税込）

フランスの薬局法に基づいた4種類のアロマオイルやオーガニックオイルなど優れた成分を配合。塗るだけでリンパの流れを促進させてくれる、分子矯正医学に基づいた光のリンパマッサージクリームです。高波動のエネルギーが肉体的なマッサージだけにとどまらず、ヒーリング効果ももたらします。

●主な成分：水、ヒマワリ種子油、ホホバ種子油、アルガニアスピノサ核油、セイヨウネズ果実油、パチョリ油、ローズマリー油、ゼラニウム油、クダモノトケイソウ果実エキス、ほか

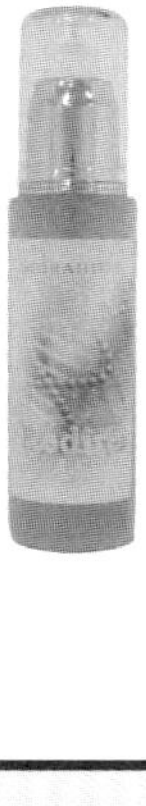

白姫レディーレ46

■ 50mℓ　6,480円（税込）

DNAの先端にあるテロメアは老化に影響を与えます。白姫レディーレ46はテロメアの保護キャップの役割を果たすテロソームの劣化を抑制させる成分「カッパフィカスアルバレジエキス」を配合。お肌の老化プログラムの進行を減速させ、若々しい肌へと導きます。

●主な成分：水、リンゴ果実培養細胞エキス、プラセンタエキス、カルノシン、水溶性プロテオグリカン、セレブロシド、シャクヤク根エキス、ワカメエキス、セイヨウオオバコ種子エキス、サクシノイルアテロコラーゲン、オオアザミ果実エキス、ほか

【お問い合わせ先】ヒカルランドパーク

運動やキツいダイエットとはサヨウナラ!
美力活性 白姫シリーズの最高傑作

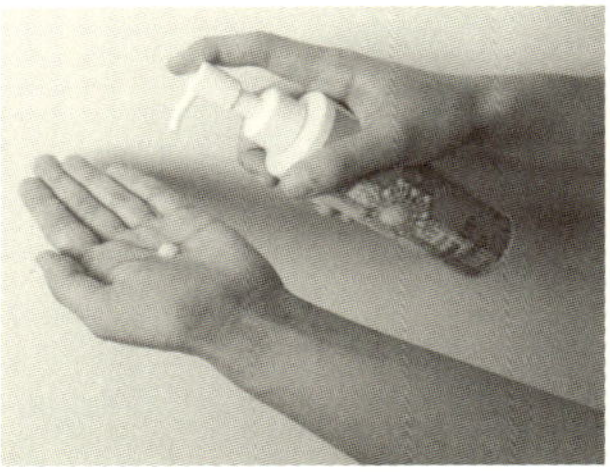

リンパを促進するマッサージアロマクリームやエイジングケアローションなど、大人気の白姫シリーズに、最高傑作と呼べる新たなアイテム「白姫ステージアップクリーム」が加わりました。その実力の鍵を握る成分がアディポネクチンです。
若返りのホルモン、長寿のホルモンと言われる善玉アディポネクチンは、現代の生活習慣病であるメタボリックシンドローム、糖尿病、高血圧、動脈硬化などの予防・改善効果が認められており、東大・阪大グループの研究で**「運動をしなくてもした時と同じ効果を体内に起こす」**と発表された驚異のホルモンなのです。からだの脂肪から分泌されるこのホルモンは、体脂肪が増え肥満状態になると分泌量が大幅に減り、代わりに悪玉物質が多く分泌され、様々な病気を引き起こす要因になると言われています。
「白姫ステージアップクリーム」は、なんと**塗るだけでアディポネクチンの分泌量を増加！　脂肪を燃焼させる筋肉を活性化させ、代謝もアップ**させます。しかも、毎日継続して使用してほしいという願いから、従来の白姫シリーズの商品よりも大容量でつくりました。
これさえあれば、無理なダイエットや苦しい運動も不要。ラクラク美を手に入れ、心身も浄化。肉体も意識もステージアップしていきましょう。

2週間使ってみてください！　変化が始まってきます。

白姫ステージアップクリームを試した多くのモニターから驚きの結果が出ています。

こちらの40代女性モニターに使用していただいたところ、おへそ周りは73cm→67cmになり、体脂肪やおなかのでっぱりも改善。身体が軽く感じ、30年間悩まされてきた猫背も改善されて姿勢が良くなったそうです。

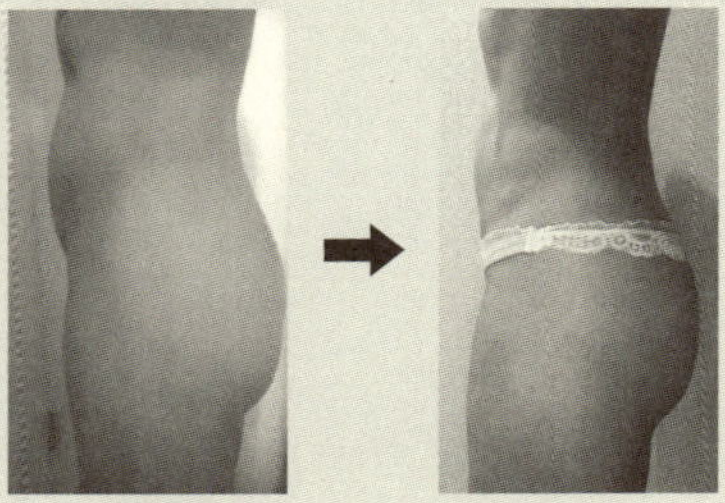

使用前 ➡ 使用後

ヒカルランド　好評既刊！

地上の星☆ヒカルランド　銀河より届く愛と叡智の宅配便

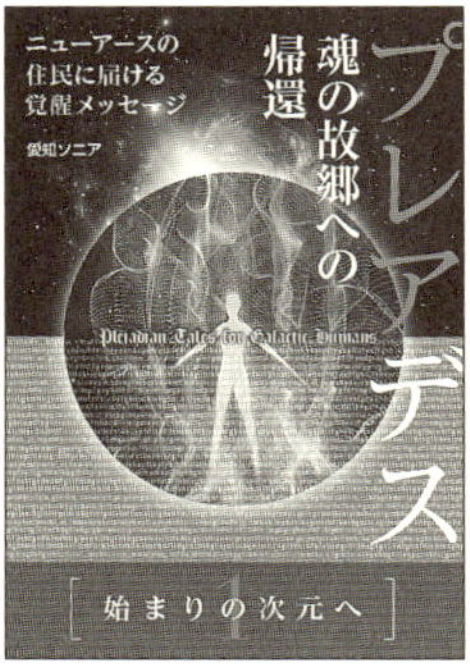

《1》始まりの次元へ
プレアデス 魂の故郷への帰還
ニューアースの住民に届ける覚醒メッセージ
著者：愛知ソニア
四六ソフト　本体 1,620円+税

《2》すべてが加速するナノセカンドへ
プレアデス 新生地球への移行
アセンションへの緊急コンタクト
著者：愛知ソニア
四六ソフト　本体 1,843円+税

《3》わたし＋パラレルアースへ
プレアデス 融合次元での生き方
メッセージをリンクさせなさい
著者：愛知ソニア
四六ソフト　本体 1,815円+税

神さまとつながる白魔女㊙術
現実がミラクル超変化する実践白魔法入門
著者：愛知ソニア
四六ソフト　本体 1,815円+税

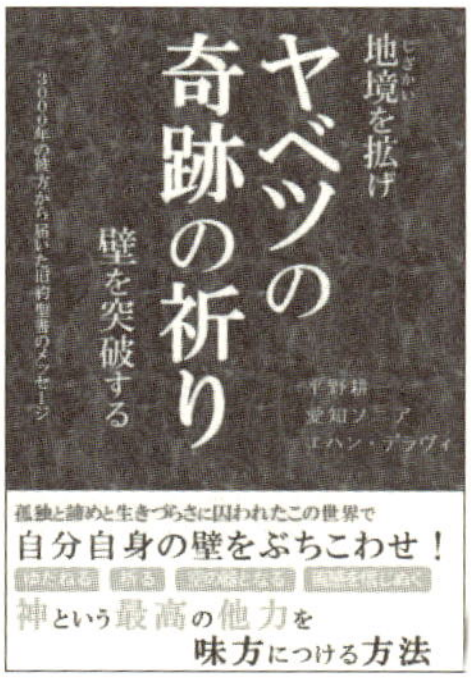

地境を拡げ壁を突破する
ヤベツの奇跡の祈り
―3000年の彼方から届いた旧約聖書のメッセージ―
著者：エハン・デラヴィ／愛知ソニア／平野耕一
四六ソフト　本体 1,815円+税

不調を癒す《地球大地の未解明》パワー
アーシング
著者：クリントン・オーバー
訳者：エハン・デラヴィ／愛知ソニア
Ａ５ソフト　本体 3,333円+税